특별한 영유아 모노그래프 시리즈 5호

Family-Based Practices

가족 기반의 실제

Eva Horn · Michaelene Ostrosky · Hazel Jones 편저

김진희 · 김건희 공역

학지사

Family-Based Practices
by Eva Horn, Michaelene Ostrosky, Hazel Jones

역 · 자 · 서 · 문

원저 *Young Exceptional Children(YEC) Monograph Series*는 특수아동협회 유아교육분과[The Division for Early Childhood(DEC) of the Council for Exceptional Children(CEC)]의 출판물 중 하나로서 1999년부터 출간되기 시작하였습니다. 모노그래프란 특정 주제에 관한 상세하고 실증적인 논문들을 모은 것이라고 할 수 있는데, YEC 모노그래프 시리즈는 장애가 있거나 발달이 지체된 아동, 영재아동, 발달이 지체될 위험이 있는 아동, 학교생활에 어려움이 예상되는 아동 등 0~8세 사이의 아동을 대상으로 일하는 교사, 유아교육(보육) 종사자, 행정가, 치료사, 가족 구성원 등을 위하여 기획되었습니다. 시리즈 각 호는 조기중재 및 유아특수교육 분야의 중요한 주제를 다루며 실제(practices)에 직접적인 도움이 되는 내용으로 구성되었습니다. 근거 중심(evidence-based)의 연구결과를 전문가와 가족에게 효과적이고 유용한 전략으로 바꾸어 소개하는 것이 모노그래프 시리즈의 주요 목표 중 하나라고 할 수 있습니다. 따라서 시리즈에 수록된 글들은 탄탄한 이론 혹은 연구 기반을 갖고 있으며, 또한 광범위한 독자층을 고려하여 읽기 쉽게 쓰여 있습니다.

YEC 모노그래프 각 시리즈에서 다루는 주제는 도전적 행동에 대처하는 실제적 아이디어(1호), 자연적 환경과 통합(2호), 유아의 발달을 지원하는 교수전략(3호), 의미 있는 정보를 수집하는 진단평가(4호), 가족 기반의 실제(5호), 학제간의 팀들(6호), 초기 문식성 발달 지원(7호), 사회 · 정서 발달(8호), 아동 및 가족 성과와 교육과정의 연결(9호), 조기중재의 실제와 성과(10호)입니다.

역자들은 Young Exceptional Children을 '특수유아'가 아닌 '특별한 영유아'라고 번역하였는데, '특수유아'라는 표현이 혹여 유아들을 동질집단화하지 않을까 하는 우려 때문이었습니다. 그래서 서로 다른 발달을 보이는 개별 영유아에게 초점을 맞추는 의미에서 '특별한 영유아'로 번역하였음을 밝힙니다.

특별한 영유아 모노그래프 시리즈의 번역은 여러 사람의 노력과 지원이 없었으면 불가능하였습니다. 번역계획은 2006년 가을 미국 아칸소(Arkansas) 주 리틀락(Little Rock)에서 열린 DEC 콘퍼런스에서 시작되었습니다. 당시 DEC 다문화 활동위원회(Multicultural Activities Committee)의 위원장으로 활동하고 있던 브래들리 대학교 이화(Hwa Lee) 교수의 적극적인 추천과 지원으로 모노그래프 시리즈를 한국어로 번역 출간하는 것에 대해 DEC 회장단으로부터 매우 긍정적인 답변을 들었습니다. 그러나 DEC의 출판물을 외국에서 번역 출판하는 작업이 전무하였던 관계로 실제 계약까지의 진행은 매우 더디게 이루어졌습니다. 하지만 그 시간 동안 포기하지 않게 역자들을 믿어 준 분이 있는데, 그분들께 감사를 드립니다. 특히 계속적으로 관심을 가지고 국내에서 번역 출간이 되도록 적극적인 지원을 아끼지 않은 이화 교수께 감사의 말씀을 드립니다. 그리고 한국에서의 출간을 지지하고 신뢰해 준 DEC 회장단을 비롯한 관계자들에게 감사의 마음을 전합니다. 또한 이 책이 나오도록 애써 주신 학지사의 김진환 사장님과 직원 여러분께 감사를 드리며, 마지막으로 언제나 든든하게 힘이 되어 주는 사랑하는 가족에게 고마움을 전합니다.

2011년
역자 일동

편·저·자·서·문

특별한 영유아 모노그래프 시리즈 5호가 출간되었습니다. 이번 호에서는 가족 기반의 실제(family-based practices)를 다루었습니다. 이 모노그래프에 실린 연구는 『조기중재 및 유아특수교육의 DEC 추천 실제(DEC Recommended Practices in Early Intervention/Early Childhood Special Education)』(Sandall, McLean, & Smith, 2000) 중 제4장(Trivette & Dunst, 2000)에서 다룬 실제(practices)를 강조하고 있습니다. Trivette와 Dunst를 포함한 추천 실제 연구팀이 정의한 가족 기반의 실제는 다음과 같습니다. 가족 기반의 실제는 가족이 아동에게 발달을 촉진하는 학습 기회와 경험을 제공할 수 있는 시간, 에너지, 지식, 기술을 갖추는 데 필요한 자원과 지원을 제공하거나 조정합니다. 조기중재 및 유아특수교육의 일부로서 제공되는 자원과 지원은 가족 중심적인 방법으로 이루어집니다. 그래서 가족 기반의 실제는 아동, 부모, 가족의 기능을 강화하고 능력을 향상시킬 것입니다(Trivette & Dunst, 2000, p. 39). 특수아동협회 유아교육분과의 추천 실제는 ① 가족과 전문가의 책임 공유 및 협력, ② 가족 기능을 강화하기 위한 실제, 지원, 자원, ③ 개별화와 융통성이 주요 특성이 되는 실제, ④ 강점에 근거한 실제를 강조합니다. 가족 기반의 실제는 가족이 아동의 학습과 발달에 대해 자신감과 유능감을 가지도록 실행되어야 합니다.

모노그래프 시리즈 5호는 추천 실제의 정의에 담긴 가치관, 신념, 그리고 실제를 다루었습니다. 이 책은 가족과 협력하여 추천 실제의 다양한 요소들을 성취할 수 있는 구체적인 전략들을 소개합니다. 아울러 가족의 문화, 가치관, 언어에 민감하게 반응하는 특수아동협회 유아교육분과의 입장을 반영하는 성명서가 제공되니 이를 복사하여 동료들과 공유하기 바랍니다.

첫 번째 논문에서 Gallagher, Fialka, Rhodes, Arceneaux는 가족 기반 실제의 핵심으로서 전문가와 가족의 긍정적인 관계의 중요성을 강조합니다. 저자들은 흔히 쓰는 표현인 부정 상태(in denial)를 재고할 것을 요구합니다. 또한 전문가들은 재고과정(rethinking process)을 시작할 수 있는 구체적인 전략을 제시합니다. 즉, 부모가 자녀에게 가지는 희망과 꿈을 지지하고, 가족에 대한 비판을 삼가며, 가족의 행동에 대한 판단을 보류하고, 가족이 자신들의 고유한 방식으로 문제를 풀어 나갈 수 있게 안내합니다. 실질적인 전략과 함께 가족들의 개인적인 이야기가 부정(denial)을 다시 생각하게 만들 것입니다.

그런데 도움을 제공하는 실제(helpgiving practices)와 가족과의 상호작용이 가족 중심인지 여부를 어떻게 알 수 있을까요? 이 질문에 대한 답으로서 Wilson과 Dunst는 근거에 기반한 도구(evidence-based tool)인 "가족 중심의 실제 체크리스트(Family-Centered Practices Checklist)" (Family, Infant, & Preschool Program, 2002)를

소개합니다. 저자들은 효율적인 도움 제공을 위해 이 체크리스트가 어떻게 사용될 수 있는지 매우 구체적으로 설명하고 도움을 제공하는 여러 상황을 예로 들어 제시합니다.

Barrera는 차이점을 존중할 것을 상기시킵니다. 우리가 만나는 많은 아동과 가족이 지니는 차이점들을 존중하는 것이 모든 프로그램의 기본이 되어야 한다고 저자는 일러 줍니다. 적절한 자원이 제대로 갖추어질 때까지 기다릴 것이 아니라 가족과 한 팀이 되어 자원을 만들어 가야 합니다. 그래서 차이점 존중은 팀 구성원 모두에게 계속되는 과정의 일부라고 할 수 있습니다. 저자는 8개의 유아특수교육 프로그램과 함께 일한 경험에 근거하여 이러한 과정이 어떻게 이루어질 수 있는지를 설명합니다.

Flynn-Wilson과 Wilson은 가족이 서로 다른 개인으로 구성되어 있음을 강조하며 아버지에게 초점을 맞춥니다. 아버지는 사실상 핵심적인 팀 구성원이며 독특한 방식으로 아동의 발달에 기여합니다. 저자들은 아버지-자녀 관계에 관한 명료한 실례와 함께 서비스 제공자가 아버지의 적극적이고 지속적인 참여를 어떻게 이끌어 낼 수 있는지에 대해 쓰고 있습니다.

전문가와 가족은 파트너 관계를 유지하면서 조기중재 계획을 함께 개발합니다. 이때 가족과 전문가는 서비스 전달의 가이드 역할을 하는 장기목표 진술(outcome statement)에 상당한 시간을 보내며 많은 의견들을 나누게 됩니다. Rosenkoetter와 Squires는 "개별화가족서비스계획(IFSP)의 핵심은 장기목표 진술이며, 이는 아동에 대하여 개별화가족서비스계획팀이 공유하는 비전을 나타내고, 그 비전을 향한 단계별 계획을 의미한다."(p. 51)라고 언급합니다. 이 논문에서는 의미 있는 목표의 개발과정을 상세히 설명하고 개발된 목표를 평가하는 도구를 소개합니다. 가족과 전문가가 힘을 합쳐 아동의 발달에 최대한 긍정적인 영향을 미치는 장기목표를 개발하는 것이 궁극적인 목적입니다.

진술된 장기목표가 개별화가족서비스계획 체제로부터 구체적인 중재절차로 진행되어야만이 중요한 영향을 미칠 수 있습니다. Jung과 그의 동료들은 이처럼 다음 단계 이동에 필요한 전략들을 소개합니다. 즉, 성취하고자 하는 장기목표와 자연적 환경에서의 중재계획이 자연스럽게 연결되도록 중재계획을 작성하는 방법을 일러 줍니다. 구체적으로 Jung, Gomez, Baird는 아동에게 초점을 맞춘 장기목표를 다듬는 과정과 가족의 일상 경험 속에서 장기목표를 다루는 계획을 세우는 과정에 초점을 두었습니다.

아동과 가족이 조기중재 서비스 및 개별화가족 서비스계획으로부터 유치원 특수교육 서비스로 옮겨 감에 따라 새로운 파트너 관계 및 협력 모형이 대두됩니다. 0~3세 프로그램에서 유치원 프로그램으로의 전이는 장애를 가진 영유아 가족에게 쉽지 않은 과정이 될 수 있습니다. Hadden은 전문가와 가족의 협력으로 전이가 효율적으로 진행될 수 있음을 사례를 통해 보여 줍니다. 여기에는 전이과정에서의 다양한 가족 역할과 전문가의 가족 참여 지원방법이 포함되어 있습니다.

McCathren과 Long은 가정과 유치원의 의사소통을 지원하는 체계를 소개합니다. 저자들이 제시한 공책체계(notebook system)는 아동이 매일 유치원에서 무엇을 하였는지 기억하게 하고, 양육자에게는 정보를 제공하면서 양육자가 당일의 활동에 대해 아동에게 질문할 수 있게 합니다. 아동의 언어와 문식성 기술(language and literacy skills)을 촉진하는 것으로 알려진 전략과 경험이 공책체계에 포함됩니다. 즉, 예측이 가능한 문장을 사용하는 기술, 그날 일어난 일에 대해 이야기함으로써 개발되는 말하는 기술, 그림을 이용하여 문장의 의미를 파악하는 기술 등이 촉진됩니다.

마지막으로 Catlett이 가족 기반의 실제에 적합한 자원을 소개합니다. 소개된 자원은 저렴하면서도 훌륭한 자원이며 이 자료는 가족 기반의 실제를 돕게 됩니다.

모노그래프 시리즈 5호에 실린 논문들을 읽으면서 전문가는 자신의 가족 관련 관점 및 실제를 돌아보고, 가족은 자신들에게 반응적인 서비스를 찾는 데 도움을 얻기를 희망합니다. 행동변화가 집단으로 일어나야, 우리의 목표인 가족과 전문가가 공동책임을 지니고 협력하는 실제가 이루어질 것입니다. 이를 위하여 특수아동협회 유아교육분과 이사회는 모노그래프의 편집진과 함께 가족을 모노그래프의 협력자 및 의사결정자로 포함시켰습니다. 구체적으로, 가족협회(Family Consortium Committee)의 도움을 받아 가족을 논문심사위원 명단에 포함시켰습니다. 모노그래프 시리즈 5호에 도움을 주신 가족협회의 Judy Swett 회장을 비롯하여 참여해 주신 가족들과 심사위원들에게 감사드립니다.

참고문헌

Family, Infant, and Preschool Program. (2002). *Family-centered practices checklist*. Morganton, NC: Author.

Sandall, S., McLean, M., & Smith, B. J. (Eds.). (2000). *DEC recommended practices in early intervention/early childhood special education*. Longmont, CO: Sopris West.

Trivette, C., & Dunst, C. (2000). *Recommended practices in family-based practices*. In S. Sandall, M. McLean, & B. J. Smith (Eds.), *DEC recommended practices in early intervention/early childhood special education* (pp. 39-44). Longmont, CO: Sopris West.

공동 편저자: Eva Horn(evahorn@ku.edu)
Michaelene Ostrosky(ostrosky@uiuc.edu)
Hazel Jones(HAjones@coe.ufl.edu)

차 · 례

THE DIVISION FOR EARLY CHILDHOOD

가족의 문화, 가치관, 언어의 반응성에 관한 DEC의 입장

2002년 4월 채택

아동을 대상으로 일하는 사람은 아동의 최적의 발달과 학습을 위해 각 가정의 문화, 가치관, 언어를 반드시 존중하고 지원하며, 모든 가족의 적극적인 참여를 촉진해야 한다('언어적 · 문화적 다양성에 반응하기'에 관한 미국유아교육학회의 성명서(1995)를 참조하였음). 법령과 추천 실제에서는 특별한 요구를 지닌 영유아 및 가족에게 개별화된 접근을 하도록 요구한다. 개별화된 서비스는 인종, 민족, 문화, 언어, 종교, 교육, 수입, 가족 형태, 지리적 위치, 능력, 그리고 기타 특성의 차이에 민감하게 반응하는 것으로부터 시작된다.

반응성(responsiveness)은 개인의 문화, 가치관, 언어에 대한 상호 존중 및 이해를 반영하는 대인관계에서 비롯한다. 발달과 중재 서비스의 최적의 성과를 가져오려면 반응성은 개별적이고 조직적이어야 한다. 반응적인 유아기 프로그램과 반응적인 전문가는 가족 내의 가치관과 실제를 존중할 뿐만 아니라 서비스를 제공하는 사람들 사이의 가치관과 실제도 존중한다.

반응적인 조직(responsive organization)의 특성은 다음을 포함한다.

- 모든 구성원의 가치관과 실제 존중
- 전체 조직을 강화할 수 있는 다양한 관점 장려
- 가족의 문화, 가치관, 언어 차이에 관해서 지도자와 전문가의 능력을 확장시킬 수 있는 방법 모색
- 다양한 문화적, 민족적, 언어적 배경을 지닌 사람들이 지역, 주, 전국, 국제적인 차원을 대표하고 참여할 수 있도록 채용 및 지도력에 관한 정책과 절차를 개발, 실행, 평가
- 가족의 문화, 가치관, 언어에 초점을 맞춘 제작물의 개발과 보급을 장려하고 지원
- 모든 유아기 활동과 서비스에서 가족의 문화, 가치관, 언어의 영향을 통합시키는 회의와 콘퍼런스 발표

정의:

문화란 "한 사회에서 공유되고 학습되는 아이디어와 산출물(products). 이는 사람들이 공유하는 삶의 방식인데, 사람들의 신념, 기술, 가치관, 규준, 그리고 학습과 관찰에 의해 세대에 걸쳐 전해 내려오는 모든 것들을 포함한다." (Small, 1998, p. 72)

가치관이란 "옳고 그름, 적절함과 부적절함, 바람직함과 바람직하지 않음에 대한 정서적인 신념을 의미한다." (CLAS Early Childhood Research Institute, 1998, p. 9)

참고문헌

CLAS Early Childhood Research Institute. (1998). *CLAS Institute glossary*. Champaign, IL: University of Illinois at Urbana-Champaign.

Small, M. F. (1998). *Our babies, ourselves: How biology and culture shape the way we parent*. New York: Anchor Books.

가족과 함께 일하기

부정에 대해 재고하기

Peggy A. Gallagher, Ph.D., Georgia State University
Janice Fialka, MSW, Parent, Huntington Woods, MI
Cheryl Rhodes, MSW, Georgia State University
Cindy Arceneaux, Parent, Los Angeles, CA

아주 오래전, 헬렌 켈러의 어머니 케이티 켈러는 딸이 지닌 미스터리를 풀 수 있는 누군가가 이 세상에 반드시 존재하며 그 사람을 찾는 것을 가족이 포기해서는 안 된다고 확고히 믿었다(Gibson, 1962). 저명한 전문가들과 가족의 충고와 노력에도 불구하고 헬렌의 어머니는 딸을 보호시설에 보내기를 거부하였다. 오늘날의 관점에서 보면, 헬렌의 어머니는 부정 상태(in denial)에 있는 것으로 명명되지 않을까? 가족에 대해 부정적이지 않은 전문가일지라도 개별화교육계획 회의에서 고개를 가로저으며, 어머니가 딸의 전반적인 장애를 수용하지 못한다고 여기며 이러한 사실에 진심으로 염려를 표할지 모른다. 어린 헬렌은 누가 봐도 듣지 못하고 보지 못하는 아이였다.

그렇다면 헬렌의 어머니가 딸의 잠재력에 대해 희망을 가진 것이 과연 틀렸을까? 그녀의 어머니는 딸이 심각한 장애가 있음을 명확하게 인식하고 있었다. 실제로 가정에서 전적으로 헬렌을 돌본 것은 어머니였기에, 헬렌이 다른 아이들과 다르다는 것은 일상에서도 분명히 드러나는 사실이었다. 그러나 헬렌의 부모는 헬렌에 대해서 꿈과 희망을 지니고 있었으며 그 꿈을 헬렌이 성취할 수 있는 기회를 갖기를 원했다. 어머니는 자신이 헬렌과 연결될 수 있는 방법을 알지 못해도 전문가가 헬렌에 대해 높은 기대를 하기 원했으며 헬렌의 가능성을 찾기 위해 부단히 노력했다.

오늘날 충실하게 계획되고 효과적인 중재로 밝혀지는 연구결과들이 많이 나왔지만, 장애를 가진 아동이 어디까지 성취할 수 있고 미래에 어떤 모습으로 성장할 수 있는지 정확하게 예측할 수 있는 사람은 아무도 없다. 그러나 전문가가 볼 때 부모가 아동의 장애와 제한점을 수용하지 못하면 그러한 부모들을 부정 상태로 규정 짓는 경우가 종종 있다. 따라서 진부한 문구인 부정 상태에 함축된 의미를 살펴보고 부정의 개념을 재구성하기 위한 논의를 시작하는 것이 필요할 것이다.

단계와 부정 상태

장애가 있는 아동이 가족에게 미치는 영향에 대한 문헌조사를 실시한 Sands, Kozleski, French(2000)는 많은 문헌에서 장애아동 양육의 고통에 초점을 두고 있음을 발견하였다. 전문가들이 가족에 대한 고정관념, 즉 가족이 상당히 많은 스트레스를 받고 그로 인해 일상생활을 제대로 할 수 없다고 생각한다며 Sands와 그의 동료들은 지적하였다. 이와 달리 Turnbull과 Turnbull(2001)은 장애를 가진 아동의 존재가 가족에게 여러 가지로 긍정적인 영향을 미치며 오히려 가족 강화에 도움을 줄 수 있다고 하였다.

장애아동의 부모와 관련하여 사용되는 '부정 상태'라는 용어는 Kubler-Ross(1969)의 '죽음과 임종(death and dying)'에 관한 연구에서 비롯되었다. 이 연구는 슬픔의 단계(stages of grief)를 제시하였는데 마지막 단계는 수용(acceptance)이다. 사회복지학, 심리학, 간호학, 교육학 분야의 많은 전문가들이 교육을 받을 때, 자녀가 장애를 가지고 있음을 부모가 알게 되면 자신이 바라던 완벽한 아이의 상실을 경험하므로 깊은 슬픔의 단계를 밟는다고 배웠다.

가족이 슬픔의 특정 단계에 있다고 여기는 전문가의 관점은 별로 도움이 되지 않는다고 Howard, Williams, Port, Lepper(1997)는 제언한다. 부모는 어떤 시점에 이르면 Kubler-Ross(1969)가 제시한 감정들을 경험할 수는 있으나, 반드시 감정의 단계를 하나씩 밟아 나가지는 않는다. 슬픔의 단계 모델의 경직성에 이의를 제기하는 부모들도 있다. 사실상, 자녀가 장애를 가지고 있다는 사실을 접하면 5분 이내에 부모들은 죄의식, 수용, 비탄, 부정과 같은 모든 감정들을 경험한다고 한다. Kaster(2001)는 이를 롤러코스터 정서(roller coaster ride of emotions)(p. 186)에 비유하였다.

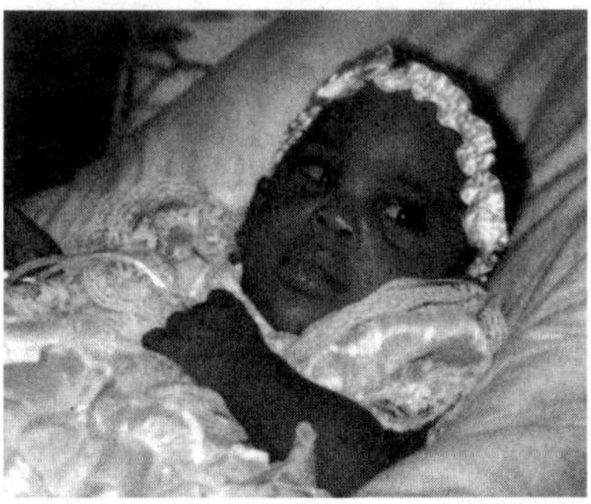

마찬가지로, Miller(1994)는 선형단계 모델(linear stage model) 개념에 반대한다. 그는 부모의 감정은 명확하게 정해진 길을 따라 단

계별로 이동하는 것이 결코 아니라고 주장한다. 대신에, Miller(1994)는 자신이 인터뷰한 어머니들이 장애를 가진 자녀에게 맞추어 가는 과정을 설명하면서 적응 단계(stages of adaptation)로 부르는 것이 적절한 표현이라고 말한다. 적응 단계의 4가지 요소는 생존(surviving), 탐색(searching), 안정(settling in), 분리(separating)이다. 이러한 단계가 직선형태(linear)로나 발달적 순서(developmental sequence)로 전개되는 것이 아니라 역동적으로(dynamic) 순환하는 성격을 지닌다고 Miller는 주장한다. 예상되는 순간뿐 아니라 예기치 못한 순간에 감정들은 오고 가며, 어떤 감정은 오래 머무르고 어떤 감정은 금방 사라지기도 한다.

장애를 가진 아동에 대한 부모의 반응을 설명하는 적응 단계 이론의 유용성에 대해 의문을 제기한 대표적인 연구가 몇 편 있다. Featherstone(1980)에 의하면, 단계를 전혀 거치지 않는 부모도 있고 단계를 거치더라도 순서를 달리하여 경험하거나 다양한 강도나 속도로 경험하는 부모가 있다고 한다. 광범위한 문헌조사를 실시한 Blacher(1984)에 따르면, 자녀의 장애진단을 처음 접했을 때 부모들은 상당히 다양한 반응을 경험하는 것으로 나타났다. 그래서 부모들의 감정과 반응에 대하여 깊이 있는 후속 연구들이 행해져야 한다고 Blacher는 강조하였다. Winton(1990)이 제안하길, 부정이 어떤 부모에게는 유용한 대처 전략이 될 수 있으므로 수용 단계로 가

기 전에 반드시 극복해야 하는 성가신 단계로 부정을 볼 것이 아니라 하나의 내적 대처전략(internal coping strategy)으로 볼 것을 제안하였다.

또한 Turnbull과 Turnbull(2001)은 전문가들이 슬픔의 단계 그 너머를 보아야 한다고 주장한다. 어느 가정에서든 부정과 슬픔의 감정은 사라졌다가 다시 나타날 수 있는 정서다. 장애가 있는 아동의 가정에서는 이러한 감정이 전이시기(transition periods), 예컨대 아동이 한 서비스에서 다른 서비스로 이동하는 시기에 자주 나타난다. 따라서 한 가정에 장애를 가진 아동이 있을 때 부모는 다양한 범위의 정서적 반응을 보일 수 있으며 가족 구성원들은 이러한 반응을 서로 다른 시기에 경험한다(Sands, Kozleski, & French, 2000).

다른 관점

Miller(1994)는 부정을 방어적 기제로 보는데, 부모가 어떤 문제 또는 문제가 지닌 의미에 대처할 준비가 되어 있지 않을 때 사용하는 것으로 해석한다. 마음속 깊은 곳에서는 뭔가가 잘못되었음을 인식하지만 그 문제를 수면 위로 끌어올리는 것은 미루고 싶어 한다. 부모가 위축되거나, 적대적이거나, 혹은 무관심하게 보일 때 전문가는 그 부모가 현재 부정 상태에 있는 것으로 생각한다고 Fialka (2001)는 주장하였다. 부모와 전문가가 아동의 예후, 진단, 프로그램, 중재전략 등에 관해 의견 일치가 되지 않을 때, 전문가는 부정 상태라는 용어를 사용하는 경향이 있다고 Harry(1997)는 지적하였다. 유감스럽게도 이러한 경우, 부정 상태라는 표현은 부모를 비난하는 방식(judgmental way)으로 적용된다. 실제로 부모와 전문가는 서로 다른 관점을 가지고 있을 뿐이며, 아동과 아동의 미래에 대한 비전이 같지 않을 뿐이다. 전문가가 자신의 관점에서만 부모를 판단할 때, 그 전문가는 진정으로 부모의 소리를 들을 수 없으며, 진실한 대화를 할 수 없다. 따라서 부모가 가지고 있는 자녀에 대한 꿈과 희망도 볼 수 없게 된다. 전문가가 부모를 '부정한다' '수용하지 않는다' '까다롭다'와 같은 표현으로 범주화하면 부모를 이해하고 그들로부터 배울 수 있는 기회를 잃게 된다.

부모와 전문가가 서로 다른 관점과 기대치를 가진 채 협력관계를 시작해야 하는 경우가 자주 발생한다. 이러한 차이는 각자가 중재의 다음 단계를 어떻게 인식하는가에 영향을 미친다. 많은 전문가에게 명명(labeling), 진단(diagnosis), 예후(prognosis)는 일련의 방향 제시와 통찰력의 역할을 한다. 전문가는 특정 진단명의 아동에게 효과적인 중재 테크닉을 탐색할 수 있으며, 아동에게 무엇을 기대해야 하는지에 대해서도 고려할 수 있다. 반면에 부모는 처음 진단을 받을 때와 전이시기에 명명이나 진단의 중요성을 인정하지 않을 수 있다. 부모 입장에서는 명명이란 마치 외래어처럼 혼란스럽고 불충분한 느낌을 준다. 그래서 부모는 진단의 의미에 대해 의문을 제기하고, 그 진단이 아동과 가족의 미래에 어떤 영향을 미칠지에 대해 불안해한다. 느닷없이 자신들의 삶을 혼란스럽게 만든 사건에 대해 준비가 충분치 않다고 느끼며, 한꺼번에 들이닥치는 너무 많은 정보를 어떻게 받아들여야 할지 어리둥절해 할 수도 있다. 그러므로 전문가는 모든 부모가 자녀에 대한 새로운 정보를 모두 동일한 방법으로 또는 전문가와 같은 기간 안에 이해할 것으로 기대하지 않도록 유의해야 한다.

유아특수교육 분야에 투신하고자 하는 전문가의 동기가 의도치 않게 부모와의 인식의 틈을 더 많이 벌려 놓을 수 있다. 특수교육에 종사하는 많은 전문가들은 아동과 가족의 삶에 변화를 가져오기를 희망하며 좀 더 나은 세상을 만드는 데 기여하고자 특수교육에 입문한다. 그들은 전문가가 되기 위한 교육과 훈련을 받는 동안 사람들을 돌보는 데 도움이 되는 테크닉, 절차, 중재, 이론 등을 배운다. 분명한 것은 이들의 이러한 관점이 잘못되었거나 해로운 것은 아니라는 점이다. 사실상 타인에게 긍정적인 영향을 미치고자 하는 욕구는 고귀하고 소중하다. 그런데 이러한 시각은 다소의 위험요소가 있다. 중재에 대한 욕구(시행하고자 또는 돕고자 하는 욕구)는 때때로 부모보다는 전문가에게 더 많이 나타날 수 있다. 부모는 이미 가정에서 많은 활동을 하고 있고, 어려움에 처해 있기 때문에 치료사나 교사가 제안하는 것들을 수행하기에 필요한 시간이나 에너지를 항상 갖고 있지는 않다(Fialka, 2001). 전문가가 제안하는 중재 아이디어에 대해 부모가 그다지 적극적이지 않을 때, 전문가는 당혹감을 느끼고 왜 부모가 자녀를 도우려 하지 않는가 하는 의구심을 가질 수 있다. 부모에게 실망한 전문가는 장애아동을 지도하기 위하여 자신은 교육을 받았고 자신의 전문적 삶을 장애아동 지도에 전념하기 때문에 적어도 부모가 협조해야 한다고 생각할 수 있다. 이러한 일들이 발생하면, 전문가는 반드시 믿을 만한 동료에게 가족에 대한 고민을 털어놓고(물론 비밀유지!), 그 가족을 지원할 수 있는 다른 방법을 찾아야 한다.

가족의 관점 이해

많은 전문가와 부모는 "부모가 현재 부정하고 있다." "아버지가 아이의 장애를 전혀 받아들이지 않는다." "어머니는 아이가 ~를 할 수 없다는 것을 인정하지 않는다."와 같은 표현을 듣거나 사용하고 있다. 전문가가 부정 상태라는 표현을 사용할 때, 이에 함축된 메시지는 아동이 무엇을 할 수 있고 앞으로 무엇을 할 수 있을지에 대한 부모의 기대가 현실적이지 않다는 것이다. 가족이 전문가가 권하는 가장 좋은 방법을 따르지 않더라도 전문가는 가족을 성급하게 판단하지 말아야 한다.

예를 들면, 중증의 뇌성마비를 지닌 3세 딸에 대한 희망과 목표가 걷는 것이라고 말하는 아버지가 있다. 전문가가 생각할 때, 이 아버지는 현재 부정 상태이며 전혀 현실감이 없는 아버지일 수 있다. 과연 이 아버지는 부정 상태일까? 어쩌면 아닐 수 있다. 한 가지 가능한 시나리오로서, 아버지는 딸이 걸을 가능성이 그리 높지 않다는 것을 잘 알고 있다. 하지만 걸을 가능성이 미미하게라도 있다면 아버지는 그 목표를 향해 계속 노력할 것이다. 딸이 걸을 수 있도록 모든 지원을 모으는 것은 아버지로서는 당연한 것이다.

또 다른 해석으로, 딸이 도움 없이는 결코 걸을 수 없다는 것을 아버지는 잘 알고 있으며 이를 걱정하고 있다. 이러한 생각이 아버지를 괴롭히고 있다. 아버지의 근심은 조용히 내적으로 자인하는 것이며, 마음속으로 속삭이는 것이다. 그러나 이러한 걱정을 전문가 앞에 드러내기까지 많은 시간과 신뢰가 필요하다. 자신이 염려하는 바를 공식적으로 구두로 표현하는 것은 결코 쉬운 일이 아니다. 전문가를 포함하여 많은 사람들에게 드러내고 인정하는 것이 아버지에게는 너무도 어려운 일이다.

세 번째 해석으로서, 딸의 예후에 대해 처음 들은 아버지는 딸이 못 걸을 수도 있다는 생각에 사로잡힌 충격 상태다. 딸이 못 걸을 수도 있다는 생각은 좀처럼 머릿속에서 떠나지 않는다. 사람들은 충격적인 소식을 접하면 자신만의 방법으로 헤쳐 나올 시간이 필요하다. 어떤 부모는 변화의 속도를 줄이고자 잠시 대기 상태(put the pause button on)가 되기도 한다. 아이다호 주에 사는 한 어머니는 부정이 필요하다고 말한다(Thurber, 1996). 어머니는 "내가 부모 역할로부터 잠시 떠나고 싶을 때, 전문가가 경멸하듯이 나를 보며 머리를 가로젓지 않았으면 해요. 내가 어디에 있는지 잘 알고 있고, 가끔은 그곳에 있는 것이 필요해요. 그러고 나면 나는 다시 현실 속으로 돌아오지요."라고 말한다.

전문가를 위한 제언

부모와 전문가 간에 아동에 대한 기대가 다를 때 가족의 관점을 좀 더 잘 이해할 수 있는 방법이 있는가? 저자 중 한 사람에게는 현재 10대인 발달장애 아들이 있는데, 최근에 자신의 남편에게 아이가 아주 어렸을 때 남편의 초기 느낌에 대해 설명해 달라고 부탁했다. 저자의 기억에 의하면, 한 살 즈음에 아들은 대부분의 한 살 아이들이 성취하는 것을 거의 하지 못했고 발달이 매우 느렸다. 그런데, 남편

〈표 1〉 부정에 대한 관점의 전환

전문가를 위한 제언
• 부모가 자녀에게 갖는 희망과 꿈을 지원한다. • 가족 및 가족의 행동에 대한 비판을 하지 않는다. • 인내한다. 사람들은 충격적인 사건을 접하면, 이를 헤쳐 나갈 자신만의 방법을 찾는 데 시간이 필요하다. • 이 시기를 깊은 신뢰를 쌓을 수 있는 기회로 본다. • 다른 전문가와 가족 구성원이 부정을 재고하도록 교육한다.

은 아들이 약간 느리긴 했지만 기본적으로 문제가 없다고 하였다. 저자가 남편에게 그 당시 부정 상태였는지 묻자, 남편은 잠시 생각하더니 "부정한 것이 아니라 희망을 갖고 있었지."라고 답했다. 그는 아들의 미래에 대해 낙관적일 필요가 있었던 것이다. 〈표 1〉에 기술되었듯이, 부정을 재고하는 방법은 다음과 같다.

부모가 자녀에게 갖는 희망과 꿈을 지원한다.

전문가는 부정 상태를 부모가 아이에게 희망을 갖는 방법 중 하나라는 시각을 가질 수 있다. 부모가 아동에 대한 꿈, 희망, 두려움을 탐색할 수 있도록 곁에서 도움을 줌으로써 아동에 대한 부모의 헌신, 결정, 높은 기대가 장려될 수 있다. 전문가가 이렇게 한다고 해서 부모가 자녀를 이해 못 하거나 자녀의 장애에 대해 현실적으로 생각할 수 없게 만들지는 않는다. 부모가 수행할 수 있는 많은 역할, 예를 들면, 교사, 옹호자(advocate), 기록 보관자(record keeper), 사기 촉진자(morale booster)의 역할을 하도록 지원할 수 있다. 부모가 자녀에 대한 희망과 꿈을 갖도록 격려할 수 있다. 부모와 전문가가 한 팀이 될 때, 낙관론자(optimist)로서의 역할은 공동 책임(shared responsibility)이 된다.

부모가 정보, 격려, 낙관주의로 무장될 때 아동에게 최고의 옹호자이자 지원자가 될 수 있다. 한 어머니는 이렇게 말했다.

"안나는 지금 14세예요. 나는 지금도 안나가 변화되리라는 희망을 가지고 있고 괜찮을 것이라고 믿어요. 물론 이러한 믿음이 현실적이지 않다는 것을 잘 알고 있고 안나가 중증 장애를 가지고 있다는 것을 부정하지는 않아요. 그러나 저는 아직도 희망을 갖고 싶어요. 그래야 이 순간을 견뎌 낼 수 있거든요. 저에게 희망은 단지 꿈꾸는 시간을 가질 수 있다는 의미지요."

전문가는 부모에게 정보를 제공하고 격려하는 것으로 도울 수 있다.

다른 어머니는 설명하기를, "매일의 작은 진보가 미래의 기회를 만들어요. 얼마 전 열 두 살 딸이 자신의 이름 첫 두 글자를 스스로 썼어요. 교사와 제가 계속 반복해서 말해 주었던 단어를 드디어 아이가 말하면서 집중하는 모습을 주시했지요. 8년간 지녔던 희망이 지금 눈앞에서 실현이 된 걸 말이에요. 8년 전 내 아이가 기능적으로 쓰는 것은 불가능하다며 '개별화교육계획'에 쓰기 전 기술(prewriting skills)은 넣을 필요가 없다고 치료사는 말했었죠. 그런데 이런 예상을 아이는 깨 버렸고, 저는 아이에게 "힘내."라고 응원하였죠. 아이의 성취는 제 희망을 잃지 않게 해 주는 동시에, 다음 도전에 맞서게 해요."라고 하였다.

가족 및 가족의 행동에 대한 비판을 하지 않는다.

부모는 전문가가 의도적이든 의도적이지 않든 자신들을 비판하지 않기를 바란다. 다음의 한 어머니의 이야기 속에서 부정과 희망의 실질적인 차이를 찾아볼 수 있을 것이다. 한 어머니가 장애를 가진 자녀를 포함한 모든 자녀들을 위해 대학 등록금 명목으로 예금을 했다. 이 어머니는 자신의 어린 딸이 가진 인지적 제한을 잘 알고 있으며 딸이 고등교육을 받기 어려울 것으로 전망되는 검사결과에 대해서도 인식하고 있다. 어머니의 관점에서 대학 등록금은 미래에 대한 희망이다. 하지만 치료사의 관점에서 대학 등록금은 어머니가 이러한 사실을 부정하고 있음을 보여 주는 증거가 된다. 치료사가 어머니에게 대학 등록금 목적의 예금을 왜 하느냐고 물었을 때 어머니는 "아마 그 등록금을 목적에 맞게 못 쓸 수도 있겠지요. 하지만 항상 희망은 가질 수 있어요."라고 소리쳤다.

치료사가 정보를 제공하지 않았거나 아동의 미래에 대한 대안책을 제시하지 않았다고 할 사람은 없다. 그러나 치료사는 대학 등록금을 강조함으로써 실제 목표의 핵심을 놓친 것이다. 실제 목표란 아동이 최대한 자신의 잠재력을 성취하도록 지원하는 것이고, 부모가 아동의 양육에 계속 참여할 수 있게

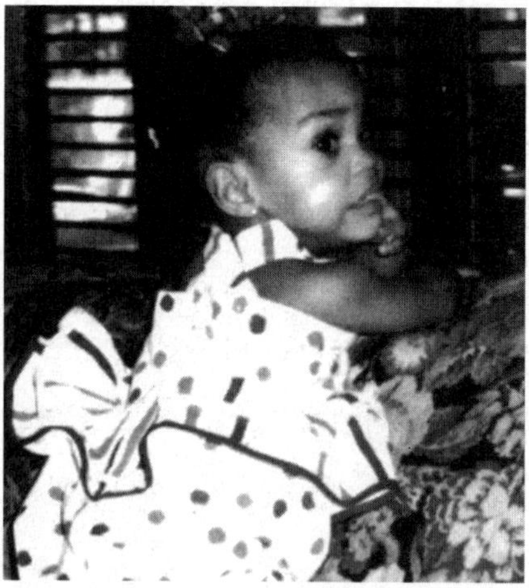

희망을 갖도록 지원하는 것이다. 부모가 부정 상태라고 추정하기 전에 먼저 부모가 취하는 행동의 다양한 범위를 확인하는 것이 매우 중요하다.

인내한다. 사람들은 충격적인 사건을 접하면, 이를 헤쳐 나갈 자신만의 방법을 찾는 데 시간이 필요하다.

부모는 가끔 변화의 속도를 늦추고자 한다. 특히 아이에 대한 새롭고 고통스러운, 때로 피하고 싶은 정보를 받아들여야 할 때 더욱 그러하다. 체득하고 이해하는 것은 개인적이고 사적인 과정이며 계속되는 과정이다. 전문가는 부모가 편하게 시간을 사용하고 낙관적일 수 있게 도울 수 있다. 전문가는 부모가 누군가와 모든 것을 공유해야 하고 다른 사람의 일정에 맞춰야 한다는 생각을 가지지 않도록 배려해야 한다.

이 시기를 깊은 신뢰를 쌓을 수 있는 기회로 본다.

어떤 부모는 전문가가 자신을 이해하지 못할 것이라 여기며 이들과 거리를 둔다. 또 어떤 부모는 자신이 자녀에 대해 가지는 희망과 꿈을 고려하지 않는 전문가의 충고를 무시한다. 전문가는 가족으로부터 배울 수 있는 기회와 가족이 지니는 차이점을 이해하는 기회를 가져야 한다. 무엇보다 가족 및 가족 내의 개개인은 서로 다르게 대처한다. 그리고 전문가는 부모의 관점을 이해하기 위해 조심스럽게 경청하며 부모가 관심사, 의혹, 염려 사항 등을 털어놓을 수 있도록 격려해야 한다. 이는 지식, 수용, 인내, 공감 등의 신뢰를 높여 준다.

다른 전문가와 가족 구성원이 부정을 재고하도록 교육한다.

불과 10년 전만 해도 생각하지 못했던 기회들이 현재 장애인들에게는 많이 열려 있다. 중증의 장애를 포함하여 장애를 가진 사람들이 자신의 집에서 생활하고, 책을 집필하고, 대학을 다니고, 직업을 가지고, TV 쇼에 나오고, 결혼하고, 자녀를 기르기도 한다. 장애가 있고 없고를 떠나서, 모든 사람이 똑같은 꿈을 성취하는 것은 아니다. 지금의 광경은 모든 사람이 다양한 꿈을 가지고 노력할 수 있다는 희망의 메시지를 알려 주는 것이다.

시간이 흐르면서 대부분의 부모는 자녀에 대한 희망과 꿈을 다시 만들어 가고, 생활환경에 적응하는 법을 배우며, 자녀와 관련된 관심사에 헌신하며 지낸다. 전문가가 부모의 노력을 이해하고 존중하면 이러한 과정에 상당한 기여를 하게 된다. 장애가 있는 아동을 양육하는 것은 에너지, 결단력, 끈기를 요한다. 아마도 희망은 버틸 수 있는 정서적 연료(emotional fuel)가 될 것이다. 그러므로 전문가는 부모의 반응을 부정 상태로 잘못 규정하여 부모가 가진 희망의 불씨를 꺼버리지 않도록 유의해야 한다.

전문가는 부정의 개념에 대해 사람들을 교육시킬 수 있는 기회를 가지고 있다. 부모와 다른 전문가들이 부정이란 용어를 어떻게 사용하고 있는지에 대해 생각해 보도록 요구하라. 부정에 대해 다르게 생각할 수 있는 방법이 있을 것이다. 우리의 소망은 부모와 전문가가 대화와 협력을 통하여 서로 이해하고 함께 성숙해지며, 부모가 자녀에 대한 꿈을 재건하는 여정을 존중하는 것이다.

주

교신 저자: Peggy A. Gallagher(spepag@langate.gsu.edu)

참고문헌

Blacher, J. (1984). Sequential stages of parental adjustment to the birth of a child with handicaps: Fact or artifact? *Mental Retardation, 22*, 55-68.

Featherstone, H. (1980). *A difference in the family: Life with a disabled child.* New York: Basic Books.

Fialka, J. (2001). The dance of partnership: Why do my feet hurt? *Young Exceptional Children, 4*(2), 21-27.

Gibson, W. (1962). *The miracle worker.* New York: Bantam.

Harry, B. (1997). Leaning forward or bending over backwards: Cultural reciprocity in working with families. *Journal of Early Intervention, 21*, 62-72.

Howard, V. F., Williams, B. F., Port, P. D., & Lepper, C. (1997). *Very young children with special needs: A formative approach for the 21st century.* Upper Saddle River, NJ: Merrill.

Kaster, K. (2001). Different dreams. In S. Klein & K. Schieve (Eds.), *You will dream new dreams* (pp. 185-186). New York: Kensington.

Kubler-Ross, E. (1969). *On death and dying.* New York: Macmillan.

Miller, N. B. (1994). *Nobody's perfect: Living and growing with children who have special needs.* Baltimore: Paul H. Brookes.

Sands, D. J., Kozleski, E. B., & French, N. K. (2000). *Inclusive education for the twenty-first century.* Belmont, CA: Wadsworth/Thomson Learning.

Thurber, N. (1996). *A place called Denial.* Unpublished article.

Turnbull, A. P., & Turnbull, H. R., III (2001). *Families, professionals, and exceptionality: Collaborating for empowerment.* Upper Saddler River, NJ: Merrill.

Winton, P. J. (1990). Promoting a normalizing approach to families: Integrating theory with practice. *Topics in Early Childhood Special Education, 10,* 90–103.

가족 중심 도움 주기의 실제를 점검하기

Linda L. Wilson, M.A., Family, Infant, and Preschool Program
Western Carolina Center, Morganton, NC
Carl J. Dunst, Ph.D., Family, Infant, and Preschool Program
Western Carolina Center, Morganton, NC, and
Orelena Hawks Puckett Institute, Ashville, NC

마사가 찰리의 집을 방문한다. 마사는 찰리에게 필요한 자원을 어머니인 아이렌이 찾을 수 있게 돕는 조기중재 전문가다. 마사는 현관에서 찰리와 아이렌에게 인사하며 찰리가 보육환경으로 옮겨가는 문제에 대해 의논하기에 지금이 좋은 시간인지 재차 확인한다. 아이렌은 "물론이죠, 기다리고 있었어요."라고 답하며 거실 소파로 마사를 안내한다. 마사는 아이렌에게 찰리를 어떤 보육기관에 보내고 싶은지를 먼저 묻는다. 아이렌이 답하길, 찰리를 배려하고 환영하며, 아침 일찍 맡길 수 있고, 집에서 가까운 곳에 위치해 있으며, 규모가 좀 작은 곳을 선호한다고 말했다. 아이렌이 소규모 기관에 찰리를 보내고 싶은 이유는 대규모 기관에 비해 찰리가 질병에 노출될 위험이 적고 교사들로부터 좀 더 많은 관심을 받을 수 있다고 보기 때문이다. 마사는 어머니의 의견에 동의하며 집 부근의 보육시설 두 곳을 소개해 주었다. 아이렌은 마사에게 몇 가지 질문을 하고, 마사는 자신이 알고 있는 것을 이야기한다. 마사는 두 기관 중 한 곳이 좀 더 친화적인 것 같다며, 아이렌이 그곳을 한번 방문할 것을 제안한다. 마사는 아이렌에게 방문하기에 좋은 날짜와 시간을 물어보며, 아이렌이 편한 시간에 기관과의 약속을 잡겠다고 말한다. 아이렌은 이에 동의하며, 마사가 방문일정에 대해 한 번 더 확인해 주기를 요청한다.

위 사례의 상호작용은 얼마나 가족 중심적인가? 부모가 최적의 긍정적인 이익을 얻을 가능성은 얼마나 되는가? 전문가가 도움을 주는 스타일은 어떤 피드백이 필요할까? 이 장에서는 이와 같은 질문과 가족 중심의 도움 주기에 관한 기타 질문에 답할 수 있는 근거 중심의 실제 도구(evidence-based practice tool)가 설명된다. 이 장의 목적은 '가족 중심의 실제 체크리스트(Family-Centered Practices Checklist)'(Family, Infant, and Preschool Program, 2002)를 상세히 설명하는 것인데, 근거 중심이며 가족 중심의 도움 주기를 촉진하는 체크리스트 개발과 적용에 관한 정보 또한 제공한다. 여기서는 먼저, 가족 중심 도움 주기의 실제(family-centered helpgiving practices)를 정의하고 체크리스트의 이론적 기초가 되는 연구를 간략하게 검토한다. 다음으로, 체크리스트를 설명하고 효과적인 도움 주기의 실제가 되도록 도구가 어떻게 사용될 수 있는지를 설명하며, 마지막으로, 체크리스트 사용 실례를 소개하기로 한다.

가족 중심 도움 주기의 실제

도움 주기의 실제가 최적의 긍정적인 효과를 낳기 위해서는 가족에게 제공되는 도움 못지않게 중요한 것이 전문가가 도움을 제공하는 방식이다(Rappaport, 1981; Trivette & Dunst, 1998). 전문가와 부모 또는 양육자 간의 도움 주기 관계는 가족 중심의 목표를 이루는 데 있어 부모가 자신을 변화의 주도자(agent of change)로 인식할 때 가장 효과적이다. 가족 중심의 도움 주기는 이를 성취할 수 있는 한 가지 방법이다.

가족 중심의 실제란 가족을 존중하는 태도로 가족을 대하며, 가족의 관심사와 우선순위에 맞추어 개별화하고 융통성 있게 반응하며, 가족이 충분한 정보를 가지고 결정할 수 있도록 정보를 공유하는 것이다. 그리고 프로그램의 실제나 중재선택에 있어서 가족의 선택을 항상 존중하는 것은 물론, 가족과 전문가의 관계에 있어서 부모-전문가의 협력과 동반자 관계를 이용하고, 아동을 양육하는 데 가족이 필요한 자원과 지원을 획득하고 동원하는 능력을 역량강화의 방식(competency-strengthening ways)으로 촉진하는 것이다(Dunst, 1995; Shelton & Stepanak, 1994; Trivette & Dunst, 2000). 연구에 따르면, 실제가 가족 중심의 방침을 따르고 있거나 가족 중심으로 추정될 때 부모와 가족, 아동 관련 효과가 더욱 폭넓게 나타난다(예: Davies, 1995; Dunst & Trivette, 1996).

Dunst와 Trivette(1996)에 따르면, 가족 중심의 실제는 관계형(relational) 요소와 참여형(participatory) 요소로 구성되며, 각 요소는 두 개의 실제군(clusters of practices)으로 이루어진다(Trivette & Dunst, 1998). 관계형 요소는 ① 효과적인 임상 기술[예: 적극적 경청(active listening), 연민(compassion), 감정이입(empathy), 존중(respect), 비판 금지(being nonjudgmental)]과 연관된 실제, ② 가족, 특히 육아 능력과 가족 역량에 관한 전문가의 신념 및 태도와 연관된 실제를 포함한다. 참여형 요소는 ① 가족의 관심사와 우선순위에 개별적으로 맞추고 융통성 있게 반응하는 실제, ② 가족이 바라는 장기목표를 성취하기 위한 결정과 선택, 가족-전문가 협력, 가족 활동에 가족이 적극적으로 참여할 수 있도록 기회를 제공하는 실제를 포함한다. 가족과 일할 때, 두 요소의 실제를 모두 동시에 사용하는 것이 바로 가족 중심의 접근이며, 이는 다른 접근과 차별화되는 점이다(Dunst, 2002; Dunst & Trivette, 1996).

가족 중심의 실제 체크리스트

'가족 중심의 실제 체크리스트'는 조기중재 전문가가 가족 중심, 역량강화의 방식으로 도움을 제공하고 촉진하기 위한 목적으로 Trivette와 Dunst(1998)의 가족 중심 도움 주기의 실제 모형(Family-Centered Helpgiving Practices Model)을 이용하여 개발되었다. 전문가가 가족과 함께 일할 때 관계형과 참여형 가족 중심의 도움 주기를 실제로 어느 정도 하는지 파악하는 데 체크리스트가 사용된다.

체크리스트의 문항은 다음과 같은 과정을 거쳐 개발되었다. 먼저 선행연구를 검토하고(Trivette & Dunst, 1998, 2000), 가족지원이론

(Dunst, 1995)과 부모들이 말하는 효과적인 도움제공자의 특성을 반영한 문항풀(item pool)이 개발되었다. 그다음, 문항들이 가족 중심 실제의 모든 측면을 담고 있는지 확인하기 위하여 문항들을 근거 중심 도움 주기의 실제 지표(indicators)에 비교하였다(Trivette & Dunst, 1998). 초안을 현장 전문가들에게 배포하여 검토를 받고 체크리스트 사용에 대한 피드백을 받았다. 현장 전문가들로부터 받은 서면 및 구두 피드백을 토대로 체크리스트 문항이 최종적으로 결정되었다. 전문가들의 피드백은 도움 주기의 실제를 가장 잘 나타내는 문항들을 파악하는 데 도움이 되었으며, 체크리스트의 명료성을 높이는 데도 도움이 되었다.

체크리스트의 문항은 개념적으로 가족 중심 실제의 두 가지 요소, 즉 관계형과 참여형으로 구성된다. 앞서 언급된 바와 같이, 각 요소는 두 개의 도움 주기 실제군(clusters of helpgiving practices)을 포함한다. 다음 단락에서는 체크리스트에 포함된 요소와 군을 설명한다. 이 장 끝의 부록에 체크리스트와 지침서(instruction sheet)가 있다.

관계형 도움 주기의 실제: 대인관계 기술과 강점기반의 태도

관계형 도움 주기의 실제는 대인관계 기술(interpersonal skills)과 강점기반의 태도(asset-based attitudes)로 구성된다. 대인관계 기술은 전문가가 부모 및 가족과 라포를 형성하기 위해 사용하는 행동을 포함한다. 전문가가 가족을 다정하게 챙기며 상호작용하고, 가족의 이야기에 귀 기울이며, 명확하게 의사소통하고, 적극적이며 반성적인 경청 기술을 사용하는 것이 관계형 도움 주기의 실제다.

강점기반의 태도는 전문가가 가족에 대한 긍정적인 태도를 보이는 것을 말한다. 개인 및 가족의 강점에 초점을 맞추고, 개인적 · 문화적 신념을 존중하며, 긍정적인 방식으로 가족에 관해 의사소통하고, 바라는 목표를 성취하는 데 있어서 가족이 가진 능력과 잠재력을 인정하는 전문가의 행동이 이에 포함된다.

참여형 도움 주기의 실제: 가족의 선택 및 행동과 전문가의 반응성

참여형 도움 주기의 실제는 가족의 선택 및 행동, 그리고 전문가의 반응성으로 분류된다. 가족의 선택과 행동은 가족이 원하는 목표를 성취하기 위해 선택하고 행동할 수 있도록 전문가가 돕는 행동을 포함한다. 참여형 도움을 주는 전문가는 가족이 우선순위를 파악하고 이에 집중하도록 돕고, 가족이 선택사항을 평가하고 정보에 근거한 결정을 하도록 지원하면서, 바라는 목표를 성취하기 위해 가족이 적극적으로 참여하도록 장려하고, 목표 성취를 위하여 가족의 강점을 이용하고 새로운 기술을 익히도록 돕는다.

전문가의 반응성은 가족의 독특한 그리고 수시로 변하는 상황에 전문가가 반응적으로 행동하는 것을 포함한다. 전문가의 반응성을 증명하는 행동의 예를 들면, 가족이 원하는 목표에 광범위한 지원과 자원이 포함될 경우 가족이 이에 대한 해결책을 고려하도록 돕는 것, 가족의 결정을 지원하고 존중하는 것, 가족과 개별적으로 일하는 것, 가족의 관심과 우선순위에 부합하는 도움을 제공하는 것, 기대하는 목표를 성취하기 위하여 가족이 계획된 접근을 하도록 지원하는 것 등이 있다.

체크리스트 실시

체크리스트는 전문가-가족의 상호작용 관찰을 토대로 작성되거나 전문가-가족의 구체적인 상호작용을 설명하는 일부로서 작성된다. 각 문항은 다음과 같은 척도에 의해 평정된다. 1=예, 실제가 사용되었음; 2=실제가 부분적으로, 가끔 사용되었음; 3=실제가 사용되지 않았음; 4=NA, 실제를 관찰할 기회가 없었음. 전문가 행동의 예는 체크리스트의 빈 칸에 기록된다. 구체적이고 관찰 가능한 행동으로 서술해야 도움 주기 실제의 특성이 가족 중심인지 여부를 논의하고 반성하는 데 도움이 된다.

피드백과 반성

체크리스트는 예상되는 전문가의 도움 주기 행동을 정의할 수 있는 기준을 제공하며 다음과 같은 목적으로 유용하게 사용된다. 첫째, 관리자(supervisor)는 체크리스트를 이용하여 전문가가 가족 중심의 실제를 하도록 개발하고 지원할 수 있다. 이를테면, 관리자가 체크리스트를 사용하여 새로 채용된 전문가가 가족 중심 실제의 주요 특성을 이해하고 가족과의 상호작용에서 기대되는 행동을 숙지하도록 도울 수 있다. 또한 체크리스트는 조직적으로 전문가의 수행을 감독 관찰하고 전문가의 가족 중심 실제 사용을 논의하는 수단으로 사용될 수 있다.

둘째, 전문가는 자신의 도움 주기 행동을 반성하고 향상시키기 위해 체크리스트를 개인적으로나 동료 또는 코치와 같이 사용할 수 있다. 만약, 전문가가 가족에게 도움을 주는 행동이 반응적이고 융통성이 있는지에 대한 피드백이라면, 동료로 하여금 자신이 가족과 상호작용하는 동안 반응적이고 융통성 있는 도움 주기가 일어나는지를 관찰하게 하고 실례(예: 전문가가 가족의 의사결정을 존중한 방법)를 기록하게 한다. 이에 동료는 관찰한 내용을 바탕으로 피드백을 제공하거나 전문가가 자신의 행동에 대해 숙고할 수 있게 돕는다.

그 밖에도 체크리스트는 여러 용도로 사용될 수 있다. 체크리스트를 사용하여 전문가-부모 상호작용의 주요 양상을 찾아내어 부모가 목표 달성에 적극적으로 참여하게끔 전문가가 촉진하는지 여부를 검토할 수 있다. 또한 전문가는 자신의 도움 주기 실제를 동료나 관리자에게 설명하기 위해 체크리스크를 사용할 수도 있다. 두 명 이상의 전문가가 한 가족 혹은 그 이상의 가족과 상호작용하는 것을 점검하고 기록하기 위한 관찰도구로서도 사용될 수 있다. 마지막으로, 도움 주기 실제의 여러 측면에 대해 토론할 때 체크리스트는 토론을 조직화하는 도구로 유용하게 쓰인다.

체크리스트 사용의 예

여기서는 체크리스트를 사용한 예를 두 가지 소개한다. 한 예는 관계형 도움 주기의 실제에 초점을 맞춘 것이고, 또 다른 예는 참여형 도움 주기를 사용한 예다.

관계형 도움 주기

〈표 1〉은 관계형 도움 주기의 실제를 보여 주는 체크리스트다. 요컨대, 동료가 전문가와 가족의 상호작용에 근거하여 작성한 체크리스트다. 가정방문에 동행한 동료는 체크리스트를 이용하여 전문가의 행동을 관찰 기록하였다. 가정방문 종료 후, 동료는 작성된 체크리스트를 바탕으로 전문가에게 피드백을 제공하였고 체크리스트의 내용에 근거해 두 사람은 도움 주기의 실제에 대해 토론하고 숙고하였다.

동료의 관찰에 따르면, 제인(전문가)은 부모가 하는 말에 주의를 기울였으며, 부모의 이야기에 진심으로 관심을 보였고, 정보를 명확하게 논의하였으며, 가족의 특정 상황에 대한 부모의 생각을 묻는 등 배려하는 방식으로 상호작용하였다. 동료는 또한 제인이 강점에 근거한 행동(asset-based behaviors)을 하는지를 관찰하였다. 제인이 아동에 대한 이야기를 할 때 약간은 긍정적으로 의사소통하였으나, 아동이 할 수 있는 것보다 할 수 없는 것에 초점을 맞추는 경향이 있음을 동료는 발견하였다. 또한 제인은 가족의 역할에 대해서도 미리 가정하고 있었다. 중재과정에서의 치료사 역할에 대한 이야기를 하던 중, 제인이 알고 있는 것을 부모에게 말하기만 할 뿐 부모가 무엇을 원하는지는 묻지 않았다.

가정방문을 마친 후 전문가와 동료는 가정방문에서 일어났던 상

〈표 1〉 '가족 중심의 실제 체크리스트'를 사용하여 동료가 작성한 관계형 도움 주기의 실제 문항의 예

평정 척도	1=예, 실제가 사용되었음; 2=실제가 부분적으로, 가끔 사용되었음; 3=실제가 사용되지 않았음; 4=NA, 실제를 관찰할 기회가 없었음			
각 실제는 어떻게 사용되었는가?			평정	실례/설명/반성
관계형 실제	대인관계 기술	가족 구성원의 요구, 관심사, 우선순위 경청 및 이해	1	부모를 쳐다보았다; 부모의 말에 관심을 가지고 있음을 나타내고자 몸을 앞으로 기울였다.
		가족의 스타일과 이해수준에 맞추어 명료하게 의사소통을 하고 확실하게 정보전달	1	진단평가 결과를 가족과 함께 검토하고 설명할 수 있었다. 가족의 이해를 돕기 위해 예를 들어 설명하였다. 가족은 정보를 이해하였음을 시인하였다.
		따뜻하게 배려하고 공감하는 태도로 가족과 상호작용	1	최근의 평가에 대해 가족과 이야기를 나누었다. 제인은 평가 결과에 대한 가족의 생각을 물었고 고개를 끄덕이고 부모와 눈을 맞추며 대화하였다.
		가족을 비판하지 않고 존경심을 가지고 존중	1	가정에 도착하자 제일 먼저 동행한 동료를 가족에게 소개하였다. 제인은 동반방문을 허락한 가족에게 감사의 인사를 했다.
	강점기반의 태도	가족에게 그리고 가족에 대해 긍정적인 방식으로 의사소통	3	아동이 사교적이기는 하지만, 지금보다 더 많은 환경에서 돌아다녀야 한다고 강조하였다(다소 긍정적이기는 하나, 아동이 하지 않는 것에 대한 주제로 바꿈).
		가족의 개인적 · 문화적 신념과 가치 존중	3	부모가 아동을 도우려면 특정 접근을 따라야 한다고 가정하였고, 부모의 생각은 묻지 않았다.
		개인 및 가족의 강점과 자산 강조	3	아동이 더 많이 돌아다닐 수 있게 가족이 무엇을 해야만 하는지에 집중하였으며, 현재 아동이 하고 있는 것에 대해서는 전혀 언급하지 않았다.
		원하는 목표를 성취할 수 있는 가족의 능력 인정	2	작업치료사의 역할과 부모의 역할에 대해 이야기하였으며, 부모가 할 수 있음을 자신이 알고 있다고 말했다.

호작용에 대해 서로 의견을 나누었다. 동료는 관찰한 구체적인 행동에 관해 이야기하였고 도움 주기의 실제가 체크리스트의 문항과 어느 정도 일치하는지에 대해 말했다. 동료는 "부모가 말할 때 당신이 몸을 앞으로 기울이며 부모를 쳐다보았으므로 당신이 부모 말에 귀 기울이고 있다는 것을 알 수 있었어요."와 같이 설명하였다. 그리고 동료는 "아이가 매우 사교적이라고 말한 뒤, 곧바로 아이가 독립적으로 돌아다닐 수 있는 문제로 당신이 대화 주제를 바꾸는 것을 보았어요. 이런 경우 관계형 도움 주기의 강점기반 요소와 어떻게 연관되나요?"라고 물으면서 토론과 반성을 촉진하였다. 의견이나 행동이 구체적이고 명확할수록 도움 주기의 특성을 더 잘 이해할 수 있음을 두 사람 모두 깨달았다.

두 사람은 구체적인 실제를 검토할 수 있었으며, 만약 다르게 행동한다면 어떻게 해야 하는지에 대해서도 이야기를 나누었다. 제인은 자신이 수행한 실제의 예를 보면서 앞으로는 좀 더 긍정적으로 의사소통할 필요성이 있음을 깨달았다. 또한 가족이 강점을 파악하도록 도울 뿐 아니라 가족이 원하는 목표를 성취하는 데 강점을 이용할 수 있도록 도와야 함을 깨달았다. 이 경우, 체크리스트는 실제에 대해 더 깊이 있는 논의가 이루어지는 도구로 유용하게 사용되었으며 제인이 좀 더 가족 중심적인 도움제공자가 되기 위한 구체적인 정보를 제공하였다.

참여형 도움 주기

〈표 2〉는 참여형 도움 주기의 실제를 나타내는 체크리스트다. 이

체크리스트는 전문가가 가족과 상호작용한 것을 자기-평가한 것이다. 특히 전문가-가족 상호작용은 아동의 발달, 기호, 능력에 관한 정보를 얻는 데 집중되었다. 전문가는 가족과 상호작용하는 자신의 구체적인 행동을 기록하여 가족 중심의 도움 주기 실제와 비교했다. 가족의 선택과 활동을 장려하는 것과 관련된 참여형 도움 주기의 실제를 자신이 사용하는지를 집중적으로 평가했다.

전문가는 가족이 얻고자 하는 것이 무엇인지를 물어보았고, 부모에게 귀 기울이고 부모의 적극적인 참여를 촉진하고 의견을 듣기 위해 질문하였으며, 부모가 알고 있는 아동의 강점과 능력을 공유하도록 격려하였다. 전문가는 아동이 좋아하는 것과 싫어하는 것을 가족에게 물어보았으나, 이 정보가 가족이 원하는 목표를 성취하는 데 얼마나 유용하게 사용되는지에 대해서는 설명하지 않았다. 또한 전문가는 가족이 방금 받은 의학적 보고서 내용에 대해 질문이 있는지 물었으나, 가족이 보고서 내용에 불만이 있을 시에 취할 수 있는 행동에 대해서는 언급하지 않았다.

이 사례에서 전문가는 체크리스트를 자기-반성(self-reflection) 용도로 사용했는데, 실제로 이는 자신이 어떻게 하는지를 파악하고 이해하며 자신의 실제가 참여형 도움 주기와 일치하는지 여부를 점검하기 위해서다. 체크리스트에 의한 자기-평가 결과, 전문가는 부모와의 가벼운 초기 대화 이후 깊이 있는 대화를 진행해 나가는 데 어려움이 있다는 사실을 깨달았다. 또한 전문가는 가족의 이야기를 적극적으로 경청하는 능력과 가족이 정보에 근거한 의사결정을 할 수 있도록 자원을 탐색 및 평가하고 보유한 정보를 사용할 수 있게 돕는 능력이 자신에게 필요하다는 것을 인식하였다. 이러한 자기-

〈표 2〉 '가족 중심의 실제 체크리스트'를 사용하여 자기-평가한 참여형 도움 주기 실제 문항의 예

<table>
<tr><td colspan="2">평정 척도</td><td colspan="3">1=예, 실제가 사용되었음; 2=실제가 부분적으로, 가끔 사용되었음;
3=실제가 사용되지 않았음; 4=NA, 실제를 관찰할 기회가 없었음</td></tr>
<tr><td colspan="3">각 실제는 어떻게 사용되었는가?</td><td>평정</td><td>실례/설명/반성</td></tr>
<tr><td rowspan="10">참여형 실제</td><td rowspan="5">가족의 선택과 활동</td><td>가족의 요구를 파악하고 다루기 위해 부모/가족과 협력</td><td>1</td><td>오늘 방문에서 가족이 얻고자 하는 것을 물었다. 부모가 받은 의학적 보고서 결과에 대한 부모의 생각과 불만에 대해 이야기를 나누었다.</td></tr>
<tr><td>원하는 목표를 성취하기에 가장 적합한 자원을 가족이 결정하고 평가할 수 있게 격려 및 지원</td><td>3</td><td>부모의 이야기를 들었다. 부모가 받은 또는 동의하지 않는 정보에 대해 부모가 어떻게 하기를 원하는지 묻거나 의논하지 않았다.</td></tr>
<tr><td>원하는 목표에 관해서 부모/가족의 지속적이며 적극적인 참여 촉진</td><td>1</td><td>아동이 무엇을 할 수 있는지와 가족이 어떻게 시간을 보내는지에 대해 질문하였다. 정보수집에 있어서 부모를 정보제공자와 참여자로 활용하였다.</td></tr>
<tr><td>원하는 목표를 성취하기 위한 방안으로서 가족의 강점과 자산을 이용하도록 격려 및 지원</td><td>2</td><td>부모가 자녀에 대해 알고 있는 바를 물었고 부모의 이야기를 들었다.</td></tr>
<tr><td>가족이 새로운 기술을 학습하고 개발할 수 있는 가족 참여 기회 제공</td><td>3</td><td>부모에게 질문은 하였으나, 자녀에 대한 초기 의견에서 더 나아가 숙고하도록 촉진하지는 않았다.</td></tr>
<tr><td rowspan="5">전문가의 반응성</td><td>원하는 목표가 광범위한 가족 및 지역사회 지원과 자원을 포함할 때 가족이 해결책을 고려하도록 지원</td><td>3</td><td>의학적 보고서에 대한 부모의 생각을 물었으나, 보고서에 대한 불만을 해결할 수 있는 선택이나 정보원에 대해서는 검토하지 않았다.</td></tr>
<tr><td>가족의 결정을 지원하고 존중</td><td>4</td><td></td></tr>
<tr><td>탄력적이며 개별화된 방법으로 가족과 협력</td><td>4</td><td></td></tr>
<tr><td>가족의 관심사와 우선순위에 반응적이고 적합한 도움 제공</td><td>4</td><td></td></tr>
<tr><td>원하는 목표 성취를 위해 가족이 긍정적이고 계획적인 접근을 하도록 지원</td><td>4</td><td></td></tr>
</table>

반성 과정을 통해 전문가는 향상시킬 영역을 파악하게 되었다.

결 론

전문가가 가족 중심적으로 도움을 제공하는지 여부를 어떻게 알 수 있을까? 앞에서 본 사례들로 돌아가 보자. 찰리의 가족과 일하는 조기중재 전문가 마사는 부모가 아들에게 적합한 보육시설을 찾도록 돕는 상호작용을 하였다. '가족 중심의 실제 체크리스트'를 사용하여 이들의 상호작용을 점검해 보면, 마사는 어머니의 요구에 귀 기울였으며, 배려하는 태도로 어머니와 상호작용하였고, 가족의 생활양식을 존중하였다. 이로써, 마사가 관계형 도움 주기의 실제를 사용하였음을 알 수 있다. 그렇다면 참여형 도움 주기의 실제는 어떠하였는가? 마사는 보육 프로그램 두 곳에 대한 정보를 부모와 공유하였으나 자신의 판단에 따라 찰리에게 가장 좋게 여겨지는 곳을 어머니에게 추천하였다. 또한 마사는 기관 방문을 자신이 준비하겠다고 말함으로써 어머니를 대신하는 행동을 취했다. 이러한 예들은 어머니가 선택사항을 평가하고, 결정을 내리고, 결정에 따라 행동으로 옮길 수 있는 기회를 마사가 제공하지 않았음을 가리킨다. 다른 사람을 위하여 무엇인가를 하는 것이 유용할 수 있으나, 그러한 행동은 의존성을 키우는 도움 주기가 될 수 있으며 가족 중심의 실제와 상반된다(Rappaport, 1981).

'가족 중심의 실제 체크리스트'와 같은 도구는 가족 중심의 접근을 반영하는 구체적이고 실질적인 행동을 형성하는 데 도움이 된다

(Trivette & Dunst, 2000). 또한 이 도구는 행동적으로 서술되고 근거에 기반한 일련의 기준과 달리, 개인의 도움 주기 행동을 점검하는 방법으로서 공동-반성 또는 자기-반성의 상황을 제공한다. 당신의 도움 주기 실제는 이 척도의 지표와 얼마나 다른가? '가족 중심의 실제 체크리스트'를 사용하여 당신의 실제를 점검하면 이 질문에 대한 답을 얻을 수 있을 것이다.

가족 중심의 실제 체크리스트

전문가 ______________________ 상황 ______________________

관찰자/코치 ______________________ 날짜 ______________________

평정 척도		1=예, 실제가 사용되었음; 2=실제가 부분적으로, 가끔 사용되었음; 3=실제가 사용되지 않았음; 4=NA, 실제를 관찰할 기회가 없었음		
각 실제는 어떻게 사용되었는가?			평정	실례/설명/반성
관계형 실제	대인관계 기술	가족 구성원의 요구, 관심사, 우선순위 경청 및 이해		
		가족의 스타일과 이해수준에 맞추어 명료하게 의사소통하고 확실하게 정보전달		
		따뜻하게 배려하고 공감하는 태도로 가족과 상호작용		
		가족을 비판하지 않고 존경심을 가지고 존중		
	강점기반의 태도	가족에게 그리고 가족에 대해 긍정적인 방식으로 의사소통		
		가족의 개인적 · 문화적 신념과 가치 존중		
		개인 및 가족의 강점과 자산 강조		
		원하는 목표를 성취할 수 있는 가족의 능력 인정		

각 실제는 어떻게 사용되었는가?			평정	실례/설명/반성
참여형 실제	가족의 선택과 행동	가족의 요구를 파악하고 다루기 위해 부모/가족과 협력		
		원하는 목표를 성취하기에 가장 적합한 자원을 가족이 결정하고 평가할 수 있게 격려 및 지원		
		원하는 목표에 관해서 부모/가족의 지속적이며 적극적인 참여 촉진		
		원하는 목표를 성취하기 위한 방안으로서 가족의 강점과 자산을 사용하도록 격려 및 지원		
		가족이 새로운 기술을 학습하고 개발할 수 있는 가족참여 기회 제공		
	전문가의 반응성	원하는 목표가 광범위한 가족 및 지역사회 지원과 자원을 포함할 때 가족이 해결책을 고려하도록 지원		
		가족의 결정을 지원하고 존중		
		탄력적이고 개별화된 방법으로 가족과 협력		
		가족의 관심사와 우선순위에 반응적이고 적합한 도움 제공		
		원하는 목표를 성취하기 위해 가족이 긍정적이고 계획적인 접근을 하도록 지원		

Family, Infant, and Preschool Program(2002), West Carolina Center, Morganton, NC.

이 체크리스트를 복사하여 실제에 사용할 수 있음

'가족 중심의 실제 체크리스트'는 전문가가 어느 정도 가족 중심의 도움 주기를 하는지 확인하는 데 사용된다. 체크리스트에는 효과적인 가족 중심 도움 주기의 특성에 근거한 문항들이 포함되었으며 관계형과 참여형 도움 주기 행동으로 구성되었다(Trivette & Dunst, 1998). 관계형 도움 주기의 실제는 가족과의 대인관계 기술과 가족의 능력과 기술에 대한 전문가의 태도와 믿음을 포함한다. 참여형 도움 주기의 실제는 가족의 선택과 행동을 촉진하는 도움 제공자의 행동뿐 아니라 가족의 우선순위와 관심사에 반응적이고 탄력적인 도움 주기를 포함한다.

체크리스트는 여러 가지 목적으로 사용될 수 있다. 관리자가 ① 신규 채용된 전문가에게 가족 중심의 실제와 가족과의 상호작용을 위한 기대행동을 알려 주고, ② 전문가의 수행을 조직적으로 관찰하고 가족 중심의 실제 사용에 대해 토론하는 데 사용될 수 있다. 그리고 이 척도는 전문가가 가족과 일하는 실제를 스스로 평가하고, 반성하고, 개선하기 위해 개별적으로 또는 동료나 코치와 함께 사용할 수 있다.

체크리스트는 전문가와 가족의 상호작용을 관찰하는 동안에 실시되거나, 가족과의 특정 상호작용에 대한 자기-성찰의 일부로서 실시된다. 체크리스트에 다음과 같은 정보가 기입된다. ① 관찰 또는 자기-반성 날짜, ② 전문가-가족 상호작용의 상황(예: 가족과의 첫 만남, 개별화가족 서비스계획 개발, 아동의 관심사 파악, 기대하는 목표에 대한 진보 점검 등), ③ 관찰되는 전문가의 이름 또는 자기-평가를 실시하는 전문가의 이름, ④ 관찰자 이름(해당 시). 각 문항은 다음과 같은 척도에 의해 평정된다.

1 = 예, 실제가 사용되었음.

2 = 실제가 부분적으로, 가끔 사용되었음.

3 = 실제가 사용되지 않았음.

4 = NA, 실제를 관찰할 기회가 없었음.

체크리스트의 '실례/설명/반성'란에는 관찰된 행동의 예와 전문가 행동에 대한 설명이 기록된다.

다른 사람에게 피드백을 제공하기 위해서나 실제에 대한 자신의 이해를 높이기 위하여 '가족 중심의 실제 체크리스트'를 사용할 때 다음을 고려한다. ① 문항들을 검토하고 관찰되는 행동을 논한다, ② 논의나 반성의 대상이 될 특정 문항(들)을 확인한다, ③ 실제의 특성을 설명하고 어떤 행동을 관찰하는 것이 가족 중심의 실제를 반영하는 것인지 설명한다, ④ 상호작용의 상황을 설명한다, ⑤ 상호작용의 결과를 설명한다, ⑥ 실제를 반성하고 만약 다르게 행동한다면 어떻게 할 수 있을지를 설명한다, ⑦ 전문가가 사용한 실제가 다른 가족 중심의 실제를 어떻게 보완하거나 반박하는지를 논의되는 실례 안에서 찾아 설명한다.

주

저자들은 '가족 중심의 실제 체크리스트' 개발 및 개선에 도움을 준 가족, 영아, 유치원 프로그램 직원들, 특히 Melinda Raab과 Deb Batman에게 감사의 인사를 전한다.

교신 저자: Linda L. Wilson(Linda.Wilson@westerncarolinacenter.org)

참고문헌

Davies, D. (1995). Collaboration and family empowerment as strategies to achieve comprehensive services. In L. C. Rigsby, M. C. Reynolds, & M. C. Wang (Eds.), *School-community connections: Exploring issues for research and practice* (pp.267-280). San Francisco: Jossey-Bass.

Dunst, C. J. (1995). *Key characteristics and features of community-based family support programs*. Chicago: Family Resource Coalition.

Dunst, C. J. (2002). Family-centered practices: Birth through high school. *Journal of Special Education, 36*, 139-147.

Dunst, C. J., & Trivette, C. M. (1996). Empowerment, effective helpgiving practices, and family-centered care. *Pediatric Nursing*, 22, 334-337, 343.

Family, Infant, and Preschool Program. (2002). *Family-centered practices checklist*. Morganton, NC: Author.

Rappaport, J. (1981). In praise of paradox: A social policy of empowerment over prevention. *American Journal of Community Psychology, 9*, 1-25.

Shelton, T. L., & Stepanak, J. S. (1994). *Family-centered care for children needing specialized health and developmental services* (2nd ed.). Bethesda, MD: Association for the Care of Children's Health.

Trivette, C. M., & Dunst, C. J. (1998, December). *Family-centered helpgiving practices*. Paper presented at the 14th Annual Division for Early Childhood International Conference on Children With Special Needs, Chicago.

Trivette, C. M., & Dunst, C. J. (2000). Recommended practices in family-based practices. In S. Sandall, M. E. McLean, & B. J. Smith (Eds.), *DEC recommended practices in early intervention/early childhood special education* (pp. 39-46). Longmont, CO: Sopris West.

차이 존중

다양한 사회문화적 환경의 유아에게 적합한 유아특수교육 서비스의 주요 특징

Isaura Barrera, Ph.D., University of New Mexico

"복잡한 문제는 파고들수록 해결책이 더 모호해지는 것 같다." (p. 49)라고 Shelton(1999)은 말했다. 다양한 문화적·언어적 배경을 지닌 아동과 가족에게 적합한 유아특수교육 서비스를 제공하는 것의 실제적인 의미를 검토하다 보면 당혹스러울 때가 많다. 여기서 문화적·언어적 다양성이란 가정에서 영어 외의 언어를 사용하는 것, 유아특수교육 문헌 및 환경에서 일반적으로 간주되는 가치관, 신념, 이해, 실제와 다른 것을 의미한다. 유아특수교육 분야에서 지난 10년간 다양한 문화와 언어에 많은 관심을 기울여 왔으나, 구체적인 상황, 즉 자원이 제한되고 가족 특성이 문헌에 기술된 것과 많이 다른 환경에 추천 실제를 적용하는 방법은 여전히 과제로 남아 있다. 본 연구의 목적은 자원이 현저하게 제한된 상황까지 포함하여, 모든 상황에서 차이점을 존중하는 프로그램이 지니는 구체적인 서비스의 특징을 공유하는 것이다. 이 서비스의 특징은 '교차로(CROSSROADS)'에서 지난 3년간 성공적으로 실시 및 검증한 내용이다. '교차로'는 연방정부의 연구비 지원을 받은 시범 프로그램으로서 문화적 · 언어적으로 다양한 배경을 지닌 특수아동에게 서비스를 제공하는 유아특수교육 프로그램에 기술적 지원을 제공해 왔다(Barrera & Hoot, 1990). 또한 이 서비스의 특징은 최근 이론 및 연구와 상호 참조되었다는 점이다(cross-referenced).

서비스의 특징

문화적 · 언어적 차이를 존중하는 프로그램 특징 여섯 가지가 '교차로' 실시를 통해 발견되었다. 이 특징들은 외곽 지역, 외딴 지역 등에 상관없이 어떤 지역에 있는 프로그램이라도 적용이 가능하다는 점에서 특히 중요하다. 특징들은 충분히 훈련된 직원이 있고 없음에 좌우되지는 않으나, 그렇다고 이러한 직원의 필요성을 대신하지는 않는다. 아동과 가족이 지닌 다양한 차이점을 유아특수교육 프로그램에서 존중하는 것이 특정 수준의 자원에 좌우되어서는 안 되며, 오히려 자원을 증대시키고 직원들을 준비시키는 노력을 경주하면서 차이를 존중하는 실제가 되어야 한다.

특징 1: 문화와 문화역학의 전반적인 영향을 인지하기

'교차로' 스태프들이 지난 3년간 8개 프로그램과 일한 경험은 문화가 무엇인지와 문화가 가족 안에서 어떤 작용을 하는지에 주의를 기울이는 것이 얼마나 중요한가를 일깨워 주었다. 문화는 전반적인 현실이기 때문에 문화적 정체성은 모든 가족과 아동에게 관련이 있고 중요하다. 우리 모두는 문화적으로 착색된 렌즈[즉, 의식적으로나 무의식적으로 선택한 개념적 · 행동적 형판(templates)]를 통해 주변의 모든 사람들을 바라본다. 우리가 사용하는 단어와 인지하는 범주는 대부분 우리가 속한 문화의 결과다. 예컨대, 나바호(Navajo) 관습에 의해 양육되는 아동은 다른 문화적 관습에서 양육되는 아동에 비해 시간에 대한 인식과 개념이 매우 다른 환경에 노출된다. 이러한 차이는 사실상 전혀 자각되지 않은 채 일상활동의 속도와 구조 그리고 기대 속에 녹아들 것이다(Cole, 1996; Greenfield, 1994).

문화와 문화역학(culture and culture dynamics)을 인지하는 목적은 예측하거나 예상하기 위한 것이 아니다. 오히려 다양한 행동, 낯설기까지 한 행동도 수용하고 존중하기 위함이다. 그래서 모든 개인이 참으로 얼마나 독특한지에 대한 인식을 넓히게 된다. Langer (1989)는 이러한 역설(paradox)을 논하였는데, "범주화를 줄임으로써 편견과 싸우려는 노력은 이상적인 세상에서는 모든 사람이 평등하고 '인간'이라는 한 가지 범주에 속한다는 관점에 근거한다."(p. 154)라고 하였다. 이어서 Langer는 "편견과 싸우는 또 다른 접근–사람들 사이에 구별을 더 적게 하기보다 오히려 더 많이 할 것."(p. 154)을 제안하였다. 이렇게 함으로써 어떤 사람의 정체성이 단순 범주에 따라 정의될 가능성은 상당히 낮아질 것

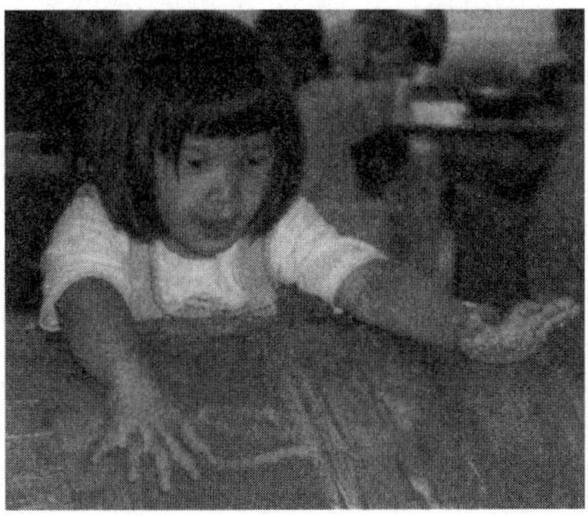

이다.

프로그램에서 문화적 · 언어적 다양성을 존중하는 방법을 모색할 때 몇 가지 이슈들이 반복적으로 나타난다는 사실을 '교차로' 스태프들이 8개의 프로그램과 일하면서 알게 되었다. 이슈들은 내용상 세 가지의 연관된 차원으로 분류될 수 있었다. ① 의사소통–언어적(즉, 의사소통하고 상호작용하는 방법과 관련된 이슈), ② 감각–인지적(즉, 무엇을 그리고 어떻게 알고 있는지에 관한 이슈), ③ 개인–사회적(즉, 권력, 정체성, 자아감과 관련된 이슈) (〈표 1〉 참조). 프로그램들이 직면하는 과제 중 상당수가 이러한 이슈에 대한 가족 관점과 전문가/프로그램 관점 사이의 차이와 연관되어 있었다.

의사소통–언어적 차원 아동의 주된 양육환경에서 사용하는 언어와 유아특수교육 전문가가 사용하는 언어 간의 차이는 확연한 난제였다. 좀 더 미묘한 난제는 언어적 · 비언어적 의사소통에 두는 상대적 가치관의 차이(예: 유아특수교육의 목표가 어휘를 말로 표현하는 것을 강조하는 데 비해, 가족은 어른이 말할 때 조용히 하는 것과 같은 적절한 비언어적 의사소통 습득에 좀 더 가치를 두는 것)였다. 이렇게 미묘한 난제에 관한 상세한 논의는 Bowers와 Flinders(1990) 연구에서 찾을 수 있다.

감각–인지적 차원 Moll과 Greenberg(1990)는 가족이나 전문가가 가장 중요하게 여기는 환경, 사람, 사물의 측면을 지식 재원(funds of knowledge)이라 명명하였는데, 이 지식 재원의 차이가 전문가와 가족 간의 협력과 의사소통에 상당한 도전이 되었다. 예를 들어서, 한 어머니는 딸이 지닌 사회적 능력을 잘 알고 있고 사회적 능력에 관심을 많이 갖고 있다. 반면에 세 조각의 퍼즐을 완성하는 능력에 대해서는 관심을 덜 기울이며, 유아특수교육 전문가가 퍼즐 과제를 왜 그리 중요하게 여기는지 사실상 이해하기가 어렵다. Rothstein-Fisch(1998)는 유치원 상황과 관련하여 이러한 난제를 잘 보여 주는 예들을 소개한다.

개인-사회적 차원 난제의 세 번째 출처는 개인-사회적 차원으로서 우리가 무엇을 알고 있는가가 아니라 우리가 누구인가를 다룬다. 흔히 볼 수 있는 차이는 자율성 및 부모-자녀 분리의 정도에 대한 다양한 관점이다. 가족과 전문가의 믿음과 실제가 매우 다르게 나타는 것이 바로 이 영역이며, 특히 아동이 과제를 완성하는 데 있어 어느 정도 도움이 제공되어야 하는가에 대한 시각 차이가 매우 컸다.

차이가 분명하게 드러나고 난제가 되는 각 차원의 구체적인 영역이 〈표 1〉에 제시되었다. 이러한 차이를 명료화하고 적절하게 반응하는 것이 다양성 존중의 주요 전략이다. 세 가지 차원에서의 다양한 관점을 프로그램이 존중하도록 '교차로' 스태프들이 사용한 구체적인 전략이 나머지 특징 설명에서 소개된다(특정 영역에 대한 추가적인 정보는 Barrera, Corso & Macpherson(2003)에서 얻을 수 있다).

〈표 1〉 문화와 문화 역학에 특히 민감한 영역

의사소통-언어적 1. 아동의 주된 양육환경에서 사용하는 언어 2. 아동의 상대적인 언어능력(아동이 사용하는 모든 언어능력의 정도) 3. 아동의 주된 양육환경에서 사용하는 언어의 양식(예: 각 언어가 어떤 목적으로 사용되는가? 누가 누구에게 무엇을 말하는가? 어떤 언어로?) 4. 언어적 의사소통과 비언어적 의사소통의 상대적 가치, 명시적인 것(물어본 것)과 암시적인 것(관찰된 것) 5. 영어 이외의 언어와 이중언어에 관한 상대적 위치, 명시적인 것과 암시적인 것(즉, 가족은 영어가 모국어가 아닌 사람들이 소중하게 여기는 언어를 사용하는가? 이중언어를 자산으로 보는가 아니면 불이익으로 보는가?)
감각-인지적 1. 지식 재원(즉, 어떤 지식과 개념이 중요한가? 어떤 유형의 정보가 가족에게 친숙한가? 지식 재원이 주로 개인적이며 가족 특유의 것인가? 공동체적인 것인가? 제도화된 것인가?) 2. 새로운 것을 학습할 때 선호하는 전략(예: 비언어적인 것보다 언어적인 것, 모델링, 읽기) 3. 문제해결과 의사결정 시 선호하는 전략(예: 대인관계적, 직선적, 우회적, 개별적, 집단적) 4. 세계관(즉, 세상 돌아가는 이치에 대한 생각, 옳고 그름에 대한 생각, 사건을 설명하고 이해하는 방식)
개인-사회적 1. 가족 문화 이외의 다른 문화에 적응하는 정도 2. 미국의 전문가 문화(예: 건강 분야, 유아특수교육 분야)에 적응하는 정도 3. 자아감의 구성(예: 사회적 참조(social referencing)에 비해 자기신뢰(self-reliance)에 두는 상대적 비중, 상호의존성(interdependence)에 비해 자율성(autonomy)에 두는 가치) 4. 가족 구조와 과정(예 : 가정에서 주요 권위 인물이 누구인가? 가족이 어떤 역할을 수행하는가?) 5. 정체성과 능력의 지각(예: 어떤 특성이 능력으로 정의되는가?) 6. 권력 및 사회적 지위에 관한 지식과 경험 7. 어른과 아동에 대한 지원 획득 및 제공과 연관된 가치관과 신념

특징 2: 가족과 서비스 간의 접근 증대

일단 문화가 모든 아동에게 교육적으로 타당한 개념으로 인정되면, 아동과 가족의 다양한 요구를 맞추는 데 주요 장애물의 하나가 접근(access)이다. 접근은 가족이 서비스에 접근하는 것(즉, 어디에 서비스가 있는지와 어떻게 서비스를 받는지를 아는 것)과 전문가가 가족에게 접근하는 것(즉, 문화적 · 언어적 다양성을 지닌 사람들과 연락이 닿는 방법과 이들에게 적절한 정보를 제공하는 방법을 아는 것)이 있다. '교차로'를 실시하면서 여러 문화적 · 언어적 집단에서 수집한 자료에 의하면, 유아특수교육 서비스에 가족의 접근을 증대시키기 위해서는 얼굴을 마주하고 직접 말로 하는 것이 중요한 것으로 드러났다. 이는 단순히 영어를 얼마나 능숙하게 하느냐의 문제가 아니었다. 많은 가족들이 문서보다 구두로 의사소통하는 것을 더 믿는 경향이 있었다. 또는 가족들은 영어 사용 수준에 상관없이 단지 구두로 의사소통하는 것을 더 익숙해 하고 선호하였다. 구두로 정보를 효과적으로 전달하는 방법의 하나로 증명된 것은 다양한 인구가 집결된 지역에서 그 지역 내 주요 인물과 접촉하는 것이다. 주요 인물이란 성직자, 존경받는 지역사회 지도자, 다른 기관의 스태프 등이었다.

유아특수교육 프로그램과 전문가가 쌓은 신용도 또한 접근에 영향을 미치는 것으로 나타났다. 많은 가족들은 '친절한 침입자(friendly intruders)' (예: 사회복지사, 의료진)와의 부정적인 경험을 갖고 있었다. 어떤 가족은 서비스 제공자들을 전혀 알지 못하였기에 이들과의 상호작용에 대한 예비지식이 없었으며, 어떤 가족은 예비지식을 가지고 있으나 현재 처한 특정 상황에는 적용할 수 없었다. 가족의 입장에서 전문가는 일반적으로 낯선 사람에게는 제공하지 않는 정보를 얻으려고 하는 이방인으로 인식되었다. 게다가 전문가가 항상 가족의 모국어를 사용하지는 않으며, 가끔은 가족이 예측할 수 없거나 수용하기 어려운 행동을 하였다. 이러한 이슈는 모두 과거에 서비스를 연속적으로 받은 가족보다 비연속적으로 받은 경험(예: 같은 사람을 두 번 만나지 않음)이 있는 가족에게 더 심하게 나타났다.

개인적인 정보를 요청하고 제공하는 과정에서 상호적이며 확장된 관계를 만들고자 하는 의지는 개인적인 신뢰와 프로그램의 신뢰도를 쌓는 데 중요한 역할을 하였다. 전문가는 때때로 "결혼했어요?" 혹은 "자녀가 있어요?"와 같은 질문을 받았다. 전문가 집단에서는 이러한 질문이 예의에 어긋난 것으로 인식되거나 사적인 관계를 만들려는 의도로 비쳐질 수 있다. 그러나 가족과의 관계에서는 이러한 질문이 무례한 행동이라기보다 가치와 신념을 평가하는 한 가지 방법(즉, 그 사람이 어떤 사람인지 알아가는 방법이며 가족과 가장 잘 연결시킬 수 있는 방법)으로 고려되었다. 이런 관점에서, 위와 같은 질문은 가족과 전문가가 한쪽은 전문적인 지식과 도움을 제공하고 상대방은 이를 받아들이는 상하관계라기보다 가족이 전문가와 공동의 유대관계를 맺는 데 도움을 주었다.

특징 3: 라포 형성의 중요성 인지

사전적 정의에 따르면, 라포(rapport)란 '조화, 동조, 일치, 친근감을 특징으로 하는 관계'(Mirriam-Webster, 1999)다. '교차로' 스태프들의 경험에 의하면, 일단 가족과 접촉하여 일반적인 정보가 수

집되면, 라포 형성이 서비스 전달의 핵심적인 특징이 되어야 한다.

상대방이 나의 의견을 이해하고 상대방으로부터 나의 견해가 가치 있게 인정될 때 두 사람 사이에 라포가 가장 쉽게 이루어지는 경향이 있다(Brooks, 1989). 이를테면, 유아특수교육 프로그램 혹은 프로그램 스태프의 문화나 언어가 가족과 다를 때 경험적 · 개념적 관점이 서로 다를 가능성이 매우 높다. 따라서 라포 형성은 쉽게 되지 않으므로 좀 더 주의 깊고 분명한 집중을 할 필요가 있다. 어른이든 아동이든 새롭고 낯선 환경에 들어서면 "내 기분이 어떤지 당신은 알아요?" 에 대한 단서를 찾기 위해 무의식적으로 주위를 훑어보고 나서 그에 따라 반응한다(Anderson, 1999). 이 경우에 라포를 촉진하는 비결이 두 가지 있다. 하나는 새로운 문화와 언어를 학습할 때 자주 동반되는 스트레스를 이해하는 것이다(Igoa, 1995). 스트레스 유발 상황은 다음과 같다.

- 완전히 다른 사람 또는 이방인이 되거나 그렇게 인식되는 주관적인 경험
- 다른 상황에서는 전혀 문제없이 잘해 왔던 것들(예: 안부 묻기, 질문하기)을 이제 더 이상 능숙하게 할 수 없다는 심리적인 경험
- 익숙한 장소 및 사람과의 접촉이 감소함에 따른 상실과 슬픔
- 적응하고 학습하는 여러 영역, 이를테면 언어에서 부모가 아동보다 뒤질 때 발생할 수 있는 역할 전환
- 아동이 새로운 방식을 선호하며 옛것을 거부할 때 일어나는 권위와 신뢰 상실

가족에게 이러한 요인들을 충분히 인식하고 있음을 언어적 · 비언어적으로 의사소통하는데, 이때 특징 4에 설명된 다양한 전략들을 사용하여 의사소통한다.

라포를 촉진하는 두 번째 비결은 효과적이며 반응적인 의사소통이다. 각양각색의 문화적 배경을 지닌 가족들은 필요한 적응력(예: 영어를 배우고, 통역을 대동하고, 자신의 문화를 설명함)을 갖추어야 하고 동시에 자녀의 장애 혹은 발달지체에 관련된 스트레스에도 대처해야 한다. 뿐만 아니라 모국어를 사용하게 하고, 비판 없이 다양한 행동을 수용하고, 가족이 잘 아는 사람과 함께 회의에 참석하게 하고, 부정적 인식을 피하도록 절차를 조절하는 것(예: 첫 면담에서 "모유수유했나요?"와 같은 직접적 · 개인적인 질문 하지 않기) – 이러한 행동을 통해 전문가는 가족을 존중하고 수용하고 있음을 전달한다.

반응적 의사소통을 하려면 잠재적인 '문화 충돌(cultural bumps)'을 반드시 인식해야 한다(Archer, 1986; Barrera, 1989). 문화 충돌이란 관찰자의 가치, 신념, 기대와 상충하는 것으로서 의식적 또는 무의식적인 인식에 의해 부정적으로 경험하는 행동이나 상황이다. 가족 또는 아동과 전문가는 어떤 문제에 있어서 서로 부딪치는 경우가 있는데 이때 정도의 차이는 있으나 다소간에 불편함과 혼란스러움을 느끼게 된다. 그래서 특징 1에 제시된 가족과 전문가 사이의 유사점과 차이점이 나타나는 영역을 살펴보고 예상되는 문화적 충돌을 미리 파악하여 이를 조정하였다. 이는 일반적인 전략으로, 특정 배경을 지닌 가족을 위해 구체적으로 조정하는 것이 가족을 존중하는 태도 또는 존중하지 않는 태도를 전달하는지를 미리 확인하는데, 프로그램 스태프는 가족의 가치와 신념체계에 적합한 방법(예: 직접적이기보다 간접적인 방법으로 요청함)으로 의사소통하였으며, 아동의 강점과 제한점을 설명할 때는 가족의 지식 재원을 활용(예: 익숙한 용어와 시나리오 사용)하였다(Moll & Greenberg, 1990).

특징 4: 다양한 문화와 언어를 상대하는 가족의 노력을 지원

유아특수교육 프로그램에 찾아온 가족이 "우리는 문화적-언어적으로 다르기 때문에 지원이 필요하고 절차상의 수정을 원해요."라고 분명히 말하는 경우는 거의 없다. '교차로' 스태프들이 가족과의 대화와 경험을 통해 알게 된 바로는 가족이 영어가 유창하지 못해서 또는 유아특수교육 프로그램에 반영된 문화에 충분히 익숙하지 못해서 수치심마저 느낀다는 것이었다. 따라서 전문가가 일차적인 책임을 가지고서 문화와 언어가 특정 환경에서 어떤 역할을 하는지를 파악하고 이에 따라 필요한 지원을 제공하였다. 가족이 현재 있는 환경에서 유능하게 생활하려면 영어를 유창하게 하는 것이 필요할 수는 있으나, 자녀의 장애 혹은 발달지체에 적응하고 특수교육 과정에 참여하는 동안에는 반드시 그렇게 할 필요가 없다는 사실 또한 인정되었다.

가족 지원을 제공하는 효과적인 방법은 '부모 파트너(parent partners)'를 이용하는 것이다. 부모 파트너란 가족의 문화와 언어를 잘 아는 보조원과 자원봉사자로서 이들의 임무는 가정 방문, 치료실 방문, 진단평가, 유아특수교육 전문가와의 회의 등과 같은 주요 시점에 가족과 함께 있는 것이었다. 부모 파트너의 목적은 특정 상황의 익숙한 측면과 익숙하지 않은 측면 사이를 조정하는 것이다. 그리고 차후에는 가족이 이러한 측면을 스스로 조정할 수 있도록 도왔다. 실례로서 한 부모 파트너가 진단평가에 참여하는 젊은 어머니를 도왔는데, 이 어머니는 영어로 말하는 것이 서툴 뿐만 아니라 운전도 못했다. 부모 파트너는 이 가정을 방문하여 국민의료보조에서 지불하는 택시(Medicaid-paid taxi) 이용법을 알려 주었다. 이는 어머니가 전혀 몰랐던 정보였으며, 어머니가 혼자서 외출한 경험이 거의 없었기 때문에 낯선 사람이 운전하는 택시를 타는 것에 대해 불안감을 내비쳤다. 그래서 부모 파트너는 어머니의 첫 외출 시 택시에 동승하여 운전사에게 목적지를 종이에 적어 건네는 모습을 보여 주었다. 두 번째 외출 시에는 부모 파트너가 가정을 방문하여 어머니가 택시에 타면, 부모 파트너는 자신의 차로 택시 뒤를 따라 약속장소까지 동행하였다. 세 번째 외출 시 어머니는 혼자 택시를 타고 약속장소에서 부모 파트너를 만나는 것에 대해 편안하게 여겼다. 지금은 어머니 혼자 약속장소에 갈 수 있는 것은 물론 자신이 익숙하지 않은 상황을 헤쳐 나갈 수 있어서 자신감을 갖게 되었다. 이를 통해 어머니는 자신처럼 어려움을 호소하는 다른 부모들을 금방 돕게 되었다.

특징 5: 가족과 아동에게 상호적으로 '더하는' 반응 계발

유아특수교육 서비스와 환경은 문화적-언어적으로 다양한 아동과 가족에게 더하거나 빼는 상호적 방법으로 반응한다(Cummins & McNeely, 1987). 빼는 반응(subtractive responses)은 이전 것을 버리고 새 것으로 대체해야 한다는 메시지를 알게 모르게 전달한다(예:

아동이 영어를 학습하려면 가족이 스페인어 사용을 중단해야 한다). 반면에, 더하는 반응(additive responses)은 기존의 행동과 새로운 행동 사이의 대립이 아니라 이전 것에 새로운 정보나 행동을 추가하는 것을 지원한다. 더하는 반응은 전문가가 아동과 가족이 지닌 언어 및 행동 레퍼토리를 존중하며 이를 제한하기보다 확장하는 방법을 찾는다. 문화적 적응은 매우 복잡하고 스트레스가 많아서 시간을 요하고 위험 감수까지 있음을 이해하며 적응노력을 수용한다. 더하는 반응은 가족의 경험보다 전문가의 견해를 지지하는 것이 아니라 상호작용을 쌍방의 과정(two-way process)으로 보며 서로에게 영향을 미치면서 서로에게 반응적인 것으로 간주한다. 그러므로 반응적인 체계 내의 규칙은 좀 더 동등한 지식 분배를 인정하고 관계를 보다 개인적으로 정의하고자 한다.

그러나 상호성은 변화가 불필요함을 의미하는 것은 아니다. 상호성을 변화의 불필요로 축소하는 것은 관련된 모든 이들에게 막대한 손해다. 특징 5에서 다루는 실제 이슈는 전문가가 힘을 균등하게 배분하는 정도에 있으며, 가정의 문화와 언어가 장애가 아닌 소중한 자산에 있다는 사실을 아동과 가족에게 전달하는 데 있다. 이 메시지가 바로 가장 중요한 핵심이다. 이 메시지가 제대로 전달되었을 때 언어사용과 문화적응에 대한 의사결정 시 가족이 동등한 파트너로서 참여할 수 있는 자신감이 눈에 띄게 향상되었다.

특징 6: 문화적-언어적 중재 요구 해결

"문화적 전이의 주요 변인은 중재학습(mediated learning)에 있다."(p. 139)라고 Greenberg와 Kaniel(1990)은 언급하였다. 여기에서 중재(mediation)란 "……환경에서 발생하는 자극이 중재자(mediating agent), 일반적으로 부모, 형제, 기타 양육자에 의해 변형되는 방법을 가리킨다. 중재자는 가장 적절한 자극을 선정하여 이를 고안하고, 여과하고, 계획에 넣는다……."(Feuerstein, 1980, pp. 16-17) '교차로'에서 수집된 자료에 따르면, 전문가의 문화 및 언어와 다른 문화적 · 언어적 배경을 지닌 아동과 가족에게 서비스를 제공할 때 반드시 중재를 해야 하는 이유가 두 가지로 나타났다. 첫 번째 이유는 익숙하지 않은 가치, 신념, 행동, 기대(즉, 문화)와 가족이 협상해야 하는 필요성과 서로 관련이 있었다. 문화적 · 언어적으로 다양한 아동의 가정과 학교 사이처럼, 문화적 상황이 바뀔 때 기존의 중재기술은 아동과 가족 구성원에게 부적절하거나 효과적이지 않을 때가 많다. 아울러, 중재할 수 있는 능력 밖으로 상황이 바뀔 때 실패감, 역량 부족, 무능감을 느낄 수 있다. 이전에는 능숙하게 잘하던 것(예: 도움 요청하기)을 이제 더 이상 할 수 없게 되는 경험은 특히 자아감과 유능감이 발달하기 시작하는 유아에게 인지적 · 심리적 영향을 미칠 수 있다(Skutnabb-Kangas & Cummins, 1988). '교차로' 전문가는 중재의 중요성을 인식하고 중재과정을 이해하며, 아동과 가족이 무능감을 느끼지 않고 문제점을 최소화하면서 새로운 기술을 학습할 수 있도록 구체적인 중재전략을 개발하였다. 이를테면, 정보는 작은 단위로 나누었으며, 익숙하지 않은 문화적 기대는 명확하게 논의하고 설명하였으며, 의사와 만날 때는 사전에 녹음기를 지참하는 등의 대처 전략들을 구체적으로 지도하였다.

두 번째 이유는 언어중재와 관련이 있는데, 언어는 문화의 한 요소이지만 별도의 관심을 기울일 필요가 있다. 언어는 일차적인 중재 도구다. 대부분의 사람들은 자극을 고안하고 여과시키는 데 언어를 사용하며 타인과 상호작용하기 위해 언어를 사용한다. 무엇인가를 생각하거나 어떤 상황을 협상할 때 필요한 언어를 지니지 않은 채 임한다면 생각하거나 협상하는 것이 어렵게 된다. 언어를 배우는 것과 그 언어를 통해 배우는 것은 동시에 할 수 없다고 Westby(1985)는 주장하였다. 왜냐하면 두 과정의 초점이 완전히 다르기 때문이다. 언어를 학습할 때의 초점은 단순히 해독하는 데 치중한다[예: 어떤 사람이 설명하는 것이 말(horse)인지 집(house)인지 분명하지 않다면, 그 주제에 관한 내용을 배우는 것이 어렵다. 그리고 방금 들은 말을 이해하려고 여전히 애쓰고 있다면, 첫 번째 말 다음에 이어지는 다음 문장을 잘 들을 수가 없게 된다.].

'교차로' 에서는 언어-문화 중재자(mediators) 또는 중개인(brokers)을 이용하여 필요한 문화적 · 언어적 중재를 제공하였는데, 아동의 가정 언어와 문화에 능통하지 못한 전문가도 이 방법을 효과적으로 사용하였다. 언어-문화 중재자는 둘 이상의 언어나 문화 사이를 오갈 수 있는 사람으로서 차이점을 완화시키고, 익숙하지 않은 것을 설명하며, 일반적으로 한쪽을 다른 쪽에 이해시키는 역할을 하였다. 언어-문화 중재자는 특히 취약한 것으로 여겨지는 행동과 학습의 세 가지 차원(특징 1에서 설명되었음)에 정통하였다. 중재자는 각 차원에서 문화나 언어상의 부조화와 오해가 발생할 여지가 있는 영역을 점검하는 방법을 배웠다(Barrera, 1996; Barrera, Corso & Macpherson, 2003; Barrera & Kramer, 1997 참조). 유아특수교육 전문가가 '교차로' 스태프의 도움을 받아 언어-문화 중재자의 역할을 수행하는 것이 가장 이상적이었다. 만약 이것이 여의치 않다면, 다른 환경(예: 지역사회 센터, 교회)으로부터 사람을 데려왔다. 번역자(translator) 혹은 통역자(interpretor)란 용어보다 중재자라는 표현을 사용한 것은 두 가지 이유에서였다. 첫째, 중재자는 구어를 단지 번역하고 통역하는 것보다 더 넓은 역할을 한다. 둘째, 통역과 번역은 매우 복잡한 기술로서 특정 어휘에 대한 지식을 요할 뿐 아니라 어휘의 의미가 갖는 문화적 배경에 대한 폭넓은 이해를 요한다.

'교차로'의 언어-문화 중재자 역할은 두 가지였다. 하나는 특정 가족의 문화적 배경 내의 전형적인 가치, 행동, 규칙에 대해 유아특수교육 전문가가 충분히 인지하고 반응적이 되도록 지원하는 것이며, 다른 하나는 유아특수교육 서비스 체계와 특수교육 전반의 공통적인 가치, 행동, 규칙에 대해 가족이 익숙해지고 적응할 수 있도록 돕는 것이었다. 중재자가 유아특수교육 전문가가 아닌 경우, 중재자가 후자의 역할을 수행하려면 활동과 절차에 익숙해질 때까지 전문가가 반드시 함께하였다. '교차로' 언어-문화 중재자는 다양한 활동을 통해 자신의 역할을 수행하였다. 이들의 활동의 예를 살펴보면, 부모 파트너 되기, 통역하기, 스태프 훈련활동에 참여하기, 교육과정 수립에 참여하기 등이었다. 익숙한 문화·언어와 익숙하지 않은 문화·언어 사이를 연결하는 것이 중재자의 목적이었다.

관점, 끈기 그리고 과정

O'Conner(1987)가 말했듯이, "차이를 존중하지 않으면 대화를

할 수가 없다."(p. 39) 최적의 서비스가 제공될 수 없을 경우, 그 서비스가 확보될 때까지 할 수 있는 것이 별로 없다고 믿는 경향이 간혹 있다. 그래서 전문가는 더 나은 대안을 찾는 동안에도 할 수 있는 많은 것들을 놓치게 된다. 문화적 차이를 존중하는 것은 전문가 관점의 변화를 요하는 것이며, 동시에 일반적인 유아특수교육 환경, 자료, 절차에 반영되는 가치와 가정을 면밀히 검토할 것을 요한다. 여기에서 논의된 서비스의 특징들은 한 프로그램의 노력과 경험에 비추어 차이 존중이 어떻게 이루어질 수 있는지에 대한 아이디어를 제공한다. 또한 인내심을 가지고 문화적 · 언어적 차이를 존중하는 것이 지속적인 진행과정이 될 수 있다는 관점을 제공한다.

주

추가 정보를 원한다면 아래로 연락 바람.

교신 저자: Isaura Barrera(ibarr@unm.edu)

참고문헌

Anderson, P. (1999, March 26). *Discussion on culture.* Paper presented at meeting of Culturally & Linguistically Appropriate Services, Early Childhood Research Institute, San Diego, CA.

Archer, C. M. (1986). Culture bumps and beyond. In J. M. Valdes (Ed.), *Culture bound: Bridging the cultural gap in language teaching.* New York: Cambridge University Press.

Barrera, I. (1989). *Honoring the differences.* Unpublished monograph produced for CROSSROADS #G008730274, Department of

Education, Office of Special Education, CFDA 94.024.

Barrera, I. (1996, May 1). *Two cultures, two languages: What do I do?* Unpublished material presented at Early Childhood Intervention Statewide Conference, Austin, TX.

Barrera, I., Corso, R., & Macpherson, D. (2003). *Skilled dialogue: Strategies for responding to cultural diversity in early childhood.* Baltimore: Paul H. Brookes.

Barrera, I., & Hoot, J. (1990). *Final grant report.* CROSSROADS #G008730274, Department of Education, Office of Special Education, CFDA 94.024.

Barrera, I., & Kramer, L. (1997). From monologues to skilled dialogues: Teaching the process of crafting culturally competent early childhood environments. In P. J. Winton, J. A. McCollum, & C. Catlett (Eds.), *Reforming personnel preparation in early intervention* (pp. 217–252). Baltimore: Paul H. Brookes.

Bowers, C. A., & Flinders, D. J. (1990). *Responsive teaching: An ecological approach to classroom patterns of language, culture, and thought.* New York: Teachers College Press.

Brooks, M. (1989). *Instant rapport.* New York: Warner.

Cole, M. (1996). *Cultural psychology.* Cambridge: Belknap Press.

Cummins, J., & McNeely, S. N. (1987). Language development, academic learning, and empowering minority students. In S. H. Fradd & W. J. Tikunoff (Eds.), *Bilingual education and bilingual special education* (pp. 75–97). Boston: College-Hill.

Feuerstein, R. (1980). *Instrumental enrichment.* Baltimore: University Park Press.

Greenberg, K. H., & Kaniel, S. (1990). A thousand year transition for Ethiopian immigrants to Israel: The effects of modifiability, mediated learning and cultural transmission. *International Journal of Cognitive Education & Mediated Learning, 1*(2), 137-142.

Greenfield, P. M. (1994). Independence and interdependence as developmental scripts: Implications for theory, research, and practice. In P. M. Greenfield & R. R. Cocking (Eds.), *Cross-cultural roots of minority child development* (pp. 1-37). Hillsdale, NJ: Lawrence Erlbaum.

Igoa, C. (1995). *The inner world of the immigrant child.* New York: St. Martin's Press.

Langer, E. J. (1989). *Mindfulness.* Menlo Park, CA: Addison-Wesley.

Mirriam-Webster.(Ed.). (1999, October 5). *Mirriam-Webster online dictionary.* Available from http://www.m-w.com.

Moll, L. C., & Greenberg, J. B. (1990). Creating zones of possibilities: Combining social contexts for instruction. In L. C. Moll (Ed.), *Vygotsky and education: Instructional applications of sociohistorical psychology.* New York: Cambridge University Press.

O'Conner, E. (1987). *Cry pain, cry hope.* Waco, TX: Word.

Rothstein-Fisch, C. (1998). *Bridging cultures: A pre-service teacher preparation module.* San Francisco: WestEd.

Shelton, C. (1999). *Quantum leaps.* Woburn, MA: Butterworth-Heinemann.

Skutnabb-Kangas, T., & Cummins, J. (1988). *Minority education: From shame to struggle.* Philadelphia: Multilingual Matters.

Westby, C. E. (1985). Learning to talk-talking to learn. In C. S. Simon (Ed.), *Communication skills and classroom success* (pp. 181-218). San Diego, CA: College-Hill.

가족과 협력

아버지와 협력

Linda L. Flynn-Wilson, Ph.D., University of New Orleans
Philip G. Wilson, Ph.D., University of New Orleans

조기중재 및 유아특수교육에서의 가족 중심 서비스와 지원은 가족 구성원 모두를 대상으로 한다. 연구자와 서비스 제공자는 흔히 가족을 시스템으로 개념화한다. 가족이 어떻게 기능하는지 이해하기 위한 접근을 '가족 체계 이론(family systems theory)'이라 부른다. 가족 체계 이론에 따르면, 가족은 삶에서 일어나는 사건을 접하고, 서로 간에 의사소통하고, 구조와 변화에 필요한 규칙을 결정하고, 외부 기관 및 사람들과 상호작용하는 이 모든 것들을 가족 고유의 방식으로 처리한다(Lambie & Daniels-Mohring, 1993). 또한 이 이론에 의하면, 개인은 가족 상황을 떠나서는 결코 이해될 수 없으며, 모든 가족은 생산적 · 비생산적 상호작용(productive and nonproductive interaction)을 한다(Lambie & Daniels-Mohring, 1993). 그리고 가족의 사회경제적 상황과 문화적 신념 및 실제가 각 가족 체계에 중요한 영향을 미친다.

아버지는 가족 체계의 핵심 구성원으로서 아동과 가족에게 독특한 방식으로 영향을 미친다. 일반적으로, 교사, 간호사, 치료사, 그리고 기타 서비스 제공자들이 장애아동을 양육하는 가족과 일할 때, 어머니의 관심사와 우선순위에만 중점을 둔다. 그러나 서비스 제공자들은 아버지에 대해 좀 더 탐구할 필요가 있다. 자녀에 대한 아버지의 관점, 가족 내에서의 아버지 역할, 아버지와 다른 가족의 관계 특성 등을 파악할 필요가 있다.

일반적으로 남성과 여성은 문제 접근 방식에 있어서 차이가 있다(Davis & May, 1991). 여성의 경우 어떤 문제가 생기면, 그것에 관해 누군가와 이야기하기를 원하는 반면, 남성은 직접 부딪쳐 문제를 해결하려는 경향이 있다. 그리고 아버지와 어머니는 자녀와 상호작용하고 놀이하는 방식도 다르다(Lamb, 1986). 예를 들어 많은 블록이 주어졌을 때, 어머니는 아동과 협력하여 구조물을 만들려고 하는 데 비해 아버지는 "자, 이 블록들은 네 것, 이것들은 내 것이야. 우리 누가 더 높이 쌓나 보자."라고 말한다.

자녀에게 장애가 있음을 알았을 때 부모의 반응 또한 차이가 있을 수 있다(Davis & May, 1991). 아버지는 자신의 감정을 일단 접어 두고 자녀를 위해 어떤 행동을 취해야 할지를 먼저 생각하고 행동한다. 이에 반해 어머니는 가장 가까운 사람에게 전화를 걸어 자신의 감정을 털어놓으며 정서적 지원을 받으려 한다. 가족 체계의 구성원으로서 아버지는 아동의 삶에 있어서 결정적인 인물이다. 따라서 조기중재 및 유아특수교육에 종사하는 서비스 제공자는 어머니뿐 아니라 아버지의 적극적이고 지속적인 참여를 반드시 이끌어 내야 한다.

아동과의 관계 및 상호작용

아버지가 자녀 양육에 적극적으로 참여할 때 자녀, 아버지, 전체 가족에게 돌아오는 혜택이 크다(Frey, Fewell, & Vadasy, 1989; Hornby, 1992; Lamb, Pleck, Charnov, & Levine, 1987; Pruett, 1993). 아버지와 자녀의 관계가 가까울수록 아버지는 자녀를 더 잘 이해하게 된다(Lamb et al., 1987). 예컨대, 보육시설에 아동을 데리러 가고 자녀에게 책을 읽어 주는 아버지는 아동의 일상생활에 참여하지 않는 아버지보다 자녀와 가까운 관계를 맺을 가능성이 훨씬 더 많다. 또한 아동의 일상생활에 정기적이면서 활동적으로 참여하는 아버지는 아동의 호불호에 대해 더 많이 이해하게 된다. 게다가 아동을 이해하는 아버지는 양육에 대한 자신감도 더 많이 가지고 아동과의 관계에서 개인적인 만족도 더 많이 경험한다(Lamb et al., 1987).

아동의 삶에 적극적으로 참여하는 아버지는 수용적이며 자녀에 대한 기대수준도 높은 편이다(Frey et al., 1989). 예를 들면, 가정에서의 일과(예: 옷 입기), 여가활동(예: 미술작품 완성), 학습/심화 경험(예: 도서관 방문) 등 자녀의 활동에 적극적으로 참여하는 아버지는 장애를 가진 자녀에 대해 좀 더 긍정적인 인식을 가질 수 있다. 게다가 장애를 가진 자녀 양육에 참여한 아버지들의 보고에 의하

면, 한결같이 양육에 참여하면서 삶이 더 의미 있어졌다고 말했다(Hornby, 1992). 실제로 자녀 양육에 적극적으로 참여하는 아버지가 그렇지 않은 아버지보다 개인적인 행복감을 더 많이 느끼며 신체적 질병의 징후를 덜 나타내는 것으로 보고된다(Pruett, 1993).

뿐만 아니라 장애를 가진 자녀에 대한 아버지의 기대와 수용이 아동에 대한 가족의 태도를 결정짓는 데 중요한 역할을 한다는 근거가 점점 많아지고 있다(McLinden, 1990). 다시 말해 장애를 가진 자녀에 대해 아버지가 긍정적으로 느끼면, 다른 가족 구성원 역시 같은 태도를 취할 가능성이 높아진다.

아버지가 자녀에 대해 긍정적인 인식을 가지고 있을 때 아동의 일상생활 기술과 사회적 기술이 더 많이 향상된다(Frey et al., 1989). 자녀에 대해 긍정적인 아버지는 자녀와 상호작용을 더 자주 하며, 이것이 아동의 능력을 촉진하는 것으로 추정된다. 이를테면, 아버지의 적극적인 참여가 아동의 문제해결 능력을 촉진한다는 사실은 잘 알려져 있다(Easterbrooks & Goldberg, 1984). 또한 아동의 긍정적인 행동은 아버지와 아동의 상호작용 방식에 부분적으로 기인한다. 아버지와 긍정적인 관계를 맺고 있는 비장애 아동, 특히 남아는 그렇지 않은 아동에 비해 더 높은 성취, 동기, 인지 능력을 가지며 더 나은 사회적 기술을 보이고 더욱 명확한 성정체성을 가지는 경향이 있다고 Lamb(1986)은 주장하였다.

아버지의 상호작용은 아동의 호기심과 문제해결 기술을 자극하고 독립심을 장려하는데, 이것이 인지발달을 증진시킨다(Pruett, 1993). 가령, 아버지가 정원에서 일을 할 때 아동에게 땅을 파는 도구를 주고, 씨가 담긴 봉투를 건네주고, 물을 뿌리게 하면 아동은 자신만의 정원을 가꾸게 된다. 이러한 활동은 독립심(예: 아동 자신의 도구와 정원)을 촉진하고 문제해결 기술(예: 씨를 어디에 어떻게 심을 것인가?)을 촉진한다. 이런 행동들은 아동이 "씨는 어떻게 자라나요?"와 같은 질문을 스스로 하게 만든다.

아버지와 아동의 상호작용은 아동의 발달에 다른 방식으로도 영향을 미친다. 아버지는 자녀의 놀이 상대가 되며 자녀와 몸을 많이 쓰는 놀이(rough-house)를 하는 경향이 있다(Parke, 1988). 몸을 많이 쓰는 놀이는 아동의 운동발달을 촉진한다. 즉, 활동적인 놀이를 하면서 자신의 신체를 뻗고 균형을 잡을 수 있는데, 이는 아동이 신체 움직임을 통합하고 공간에서 자세를 유지하는 능력을 증진시킨다.

아버지가 자녀와 상호작용하는 스타일은 아동의 발달에 긍정적인 영향을 미칠 잠재력을 지닌다. 아버지가 아동의 일상활동에 적극적으로 참여할 때 가족 체계가 강화된다. 서비스 제공자는 장애를 가진 아동과 아버지 상호작용의 중요성 및 놀이와 상호작용에 있어서 성 특정적인 접근(gender-specific approach)의 가치를 부모에게 이해시킬 필요가 있다. 많은 아버지들이 쉽게 참여를 결정하지 않을 수 있다. 그러나 어머니와 서비스 제공자가 아버지의 참여를 장려한다면 아버지는 훨씬 쉽게 참여를 선택할 것이다. 아버지에게 중요한 역할을 기대하지 않는다면, 아버지 스스로도 그렇게 행동할 것이다.

아버지의 관심사와 우선순위

아버지와 어머니의 또 다른 차이는 자녀와 가족에 대한 관심사와 우선순위일 것이다. 여러 연구자들의 보고에 따르면, 아버지는 어머니보다 미래에 관한 이슈, 즉 아동의 자립능력, 양육비용, 아동의 사회적 의존도, 법적 문제 등에 더 많은 관심을 가진다(Meyer, Vadasy, Fewell, & Schell, 1982). 반대로, 어머니는 아동의 친구 사귀기나 음식 섭취 등 일상적인 이슈에 더 많은 관심을 보인다. 어머니와 아버지가 서로 다른 관심사를 보일 때 두 사람이 지닌 이슈 모두가 서비스 제공자의 우선순위가 되어야 한다.

Bailey와 Simeonsson(1988)이 실시한 설문 조사에 의하면, 어머니는 아버지보다 서비스와 지원에 대한 요구를 두 배 정도 더 많이 가진 것으로 나타났다. Flynn과 Wilson(2003)의 연구에서는 어머니와 아버지가 각자 서비스와 지원에 대한 서열을 매겼다. 예비결과에 따르면, 어머니는 자녀의 장애에 대한 정보 및 자녀를 도울 수 있는 방법이 가장 중요하다고 응답하였다. 이에 비해 아버지는 조기중재 참여 및 단기보호와 같은 서비스 지향적 기능이 자녀와 가족에게 가장 중요하다고 응답하였다. 마지막으로 Bailey와 Simeonsson(1988)의 가족 요구 설문 조사를 이용하

여 연구한 Allred와 Cooper(1991)의 보고에 의하면, 어머니는 터놓고 이야기 나눌 수 있는 친구와 자신만을 위한 시간을 갖고자 하는 요구를 많이 가지는 반면에, 아버지는 자녀를 위한 좋은 의사를 찾는 데 더 많은 요구를 표현하였다.

이렇게 어머니와 아버지의 우선순위가 다를 수 있기 때문에 아버지가 조기중재에 참여하지 않는다면 가족의 장기목표를 달성하는 데 어려움이 많이 따를 수 있다(Allred, 1992). 그러므로 서비스 제공자는 '부모 모두가 참여하면 좋겠지만'이라고 생각하기보다 부모 모두가 참여하는 것이 필수적이라고 인식해야 한다. 서비스 제공자가 자신도 모르게 아버지에게 '아버지의 참여가 바람직하지만 아버지 없이도 서비스가 효과적으로 제공될 수 있다.'는 메시지를 보내지 않도록 유의해야 한다.

중재자와 아버지의 관계

일반적으로 사람들은 자신과 같은 성별의 사람과 개인적인 문제를 이야기할 때 훨씬 편안함을 느낀다. 대부분의 조기중재/유아특수교육 서비스 제공자는 여성이다. 여성은 여성끼리 이야기할 때 편안함을 느끼며 같은 엄마의 입장에서 서로를 연관시킬 수도 있다. 그런데 여성 서비스 제공자가 아버지와 이야기를 나누거나 일할 때는 이러한 편안함이 감소될 수 있다. 마찬가지로, 아버지 역시 여성 서비스 제공자와 대화하는 것이 약간 불편할 수 있다. 서로 다른 문화적 배경을 지닌 아버지와 서비스 제공자의 경우 의사소통은 더욱

힘들다.

아버지와 이야기할 때와 어머니와 이야기할 때 당신이 느끼는 편안함의 정도를 생각해 보라. 당신이 무심코 아버지 대신 어머니를 찾지는 않는가? 예컨대, 아동에 대해 의논하기 위해 가정에 전화를 했을 때 다른 가족이 전화를 받으면 어머니를 찾는가? 아니면 아버지를 찾는가? 당신이 센터 중심의 프로그램에서 근무한다면, 아동이 갑자기 아플 때 어머니와 아버지 중 누구에게 먼저 알리는가? 우리가 짐작하건대, 대부분의 서비스 제공자는 이와 같은 상황에서 어머니를 찾는다. 한 가지 이유는 당신이 상당 기간 동안 어머니와 관계를 맺어 왔기 때문이다. 만약 당신이 여성 서비스 제공자라면, 다른 이유는 어머니와 이야기하는 것이 더 편하기 때문이다.

남성과 여성 사이의 또 다른 성별 차이는 일반적으로 여성은 관계구축(relationship-building)을 선호하는 데 비해 남성은 개인주의적이며 경쟁적이라 할 수 있다(Tannen, 1990). 조기중재/유아특수교육에서 아버지는 실제(facts) 및 지원과 서비스의 선택에 대해서만 이야기 나누기를 원할 수 있다. 이와 반대로, 어머니는 자신의 감정을 털어놓고 공유할 수 있는 기회를 가지고 싶어 할 수 있다. 아버지는 이러한 접근이 사생활 침해이며 가족에게 도움이 되지 않는다고 여길 수 있다(Turbiville, Turnbull, & Turnbull, 1995). 아버지는 자녀를 위한 서비스 확보를 가장 중요한 목적이라 여기며 그 목적의 부수적인 결과가 관계구축이라고 여길 수 있다. 그러나 현재 조기중재의 추천 실제는 서비스 제공자와 가족의 관계 구축을 전제로 하는 경우가 많다(Turbiville, Turnbull, Garland, & Lee, 1996). 관계가 중요하기는 하지만, 서비스 제공자가 인식해야 할 사실은 이야기 나누기를 원하는 아버지도 있지만 다른 많은 아버지들은 실제 행동을 원할 수 있다는 점이다.

중재자를 위한 제안

아버지를 효율적으로 포함시키고 지원하기 위해서는 서비스 제공자가 자신의 생각과 실제를 검토하고 수정할 필요가 있다. 서비스 제공자는 아버지에 대한 믿음과 지식 그리고 기술을 평가함으로써 새로운 통찰력을 얻을 수 있으며 조기중재의 실제를 향상시킬 수 있는 방법을 찾게 될 것이다.

자신의 신념과 관점 인식

아버지에 대해 좀 더 유능해지기 위한 첫 번째 단계는 자기 인식(self-awareness)이다. 자녀 양육에 있어서 아버지의 역할에 대해 우리 모두는 선입견을 갖고 있다. 서비스 제공자는 자신도 모르게 가족 내 구성원에 대한 고정관념을 가질 수 있는데, 특히 다른 문화적 배경을 지닌 가족에 대해서는 더욱 그러하다. 이러한 잠재적 편견은 일반적으로 가정교육이나 삶의 경험에서 비롯된다. 이를테면, 일상적으로 자녀를 돌보는 것은 아버지와 어머니가 각각 절반씩 역할을 맡아야 한다고 믿는 사람이 있는가 하면, 매일 아침 자녀의 도시락을 준비하고 저녁에 목욕시키는 일은 어머니가 해야 한다고 믿는 사람도 있다. 서비스 제공자의 편견은 아버지의 적극적인 역할 수행에 걸림돌이 되며 실제로 방해가 될 수도 있다. 서비스 제공자가 다음과 같은 제안을 참작한다면 아버지와의 상호작용에 대해 더 나은 이해를 하게 될 것이다.

- 자신의 가치와 관점을 비판적으로 점검한다. 내가 가진 어떤 편견이 아버지의 참여를 방해하는가?
- 아버지에게 기대하는 것과 아버지의 역할에 대한 자신의 개인적인 관점을 이해한다. 내 아버지와의 경험이 오늘날의 아버지를 바라보는 나의 시각에 어떤 영향을 미쳤는가?
- 아버지와 함께할 때 자신이 느끼는 편안함의 정도를 확인하고 인정한다. 나는 어머니와 대화할 때보다 아버지와 대화할 때 더 긴장하는 편인가?
- 자신이 가지고 있는 문화적, 인종적, 언어적 편견을 인식한다.
- 어머니와 비교하여 아버지의 참여를 어떻게 촉진하는지 숙고한다.
- 지난 수개월간의 직무 관련 활동을 점검한다. 어머니, 아버지와 대화를 나눈 횟수를 비교한다.

중재자는 프로그램에 등록할 예정인 아동과 가족을 만나는 첫 만남에서 자신이 우선순위로 꼽는 것이 무엇인지를 생각해 본다. 관계 구축을 가장 중요하게 여기는가? 어머니가 아닌 아버지와 제일 먼저 만난다면 대화가 어떻게 다른가? 우리 모두는 가족과의 상호작용에 있어서 선호하는 것이 있으며, 이것이 직접적으로나 간접적으로 상호작용을 이끌어 간다. 또한 우리는 이러한 선호와 우선순위를 일관되게 사용하고 의존하는 경향이 있다.

자신이 가진 편견, 믿음, 선호를 파악함으로써 자신의 개인적 의사소통 유형과 아버지와의 상호작용 및 아버지에게 거는 기대 등을 조정하기가 쉽다. 아버지의 요구를 포함하고 충족시키기 위해 조기중재 및 유아특수교육 서비스를 확장하는 방법을 모색하는 첫 번째 단계는 개인적 반성과 자기 인식(personal reflection and self-awareness)이다.

자신이 가진 지식과 기술 향상

다음 단계는 아버지와 일할 때 필요한 지식과 기술을 향상시키는 것이다. Sparling, Biller, Berger(1992)는 아버지가 자녀의 교육경험에 소극적으로 참여하는 이유는 전문가가 아버지의 관심사, 우선순위, 요구에 무지하기 때문이라 하였다. 처음부터 아버지를 참여시키고 아버지 역할의 중요성을 인정하며 그들의 우선순위를 파악하면 아버지의 적극적인 역할을 이끌어 낼 수 있다. 그러나 아버지에게 중요한 역할이 기대되지 않으면 아버지 자신도 그 역할을 하지 않는다. 서비스 제공자는 아버지의 관점에 귀를 기울이고 그의 선택을 존중할 뿐 아니라 그가 무엇을 선호하는지에 대해서도 민감하게 반응해야 한다.

아버지를 적극적으로 포함시키는 방법 중 하나는 중재활동의 유형을 고려하는 것이다. 중재활동이 아버지의 관심사를 반영하지 않거나 아버지가 일상적으로 아동과 하는 일과가 아닐 수 있다. 예를 들면, 목욕시간과 같은 자연스러운 일과에서 중재를 하려고 할 때 어머니가 일반적으로 그 역할을 하는 사람이라면 아버지는 자연스럽게 중재활동에서 제외된다. 많은 경우, 서비스 제공자는 어머니의 일과와 환경을 고려하고 이를 아버지를 포함한 다른 가족에게 일반화시킨다(Turbiville et al., 1995). 따라서 의도하지 않았어도 아버지의 관심사, 우선순위, 선호가 무시될 수 있다. 진단평가와 중재에 관한 계획을 처음에 세울 때 아버지와 함께 일과를 파악하고 선택한다면 아버지의 참여와 기여는 향상될 것이다.

서비스 제공자가 아버지에 대해 좀 더 능통하고 숙련되는 데 도움이 되는 제안은 다음과 같다.

- 아버지가 아동의 발달에 미치는 영향에 관한 논문과 책을 읽는다.
- 의사소통 유형, 상호작용 유형, 문화적 실제 등에 있어서 남녀간 차이에 대한 정보를 찾아본다.
- 아버지와 의사소통하는 방법과 아버지의 구어적 · 비구어적 의사소통(예: 눈 맞춤, 얼굴 표현, 신체언어, 몸짓, 근접성)을 해석하는 방법을 배운다.
- 공원 같은 곳에서 아버지가 자녀와 함께 있는 모습을 관찰한다. 아버지가 자녀에게 어떻게 대화하고 상호작용하는지를 눈여겨

본다.

- 자신의 아버지, 남편, 남자 형제, 다른 아버지들로부터 자녀 양육관을 듣는다. 자녀에 대한 그들의 우선순위가 무엇인지 물어본다.
- 아버지와 솔직하게 터놓고 이야기 나눈다. 아버지의 관점을 이해하려는 모습을 성실하게 지속적으로 보인다.
- 처음부터 아버지를 포함시킨다. 처음 몇 번 아버지가 참여하지 않더라도 포기하지 않고 참여할 수 있는 기회를 계속 제공한다.

조기중재/유아특수교육에서 아버지와 함께 일하는 기술을 향상시킬 수 있는 가장 좋은 방법 중 하나는 아동이 아버지와 시간을 보내는 것이다. 따라서 서비스 제공자의 한 가지 목적은 아버지의 참여기회를 촉진하는 것이라 할 수 있다. 이 목적을 달성하는 데 있어서 융통성이 핵심 역할을 한다. 예컨대, 아버지와 어머니의 스케줄이 다를 수 있다. 부모 모두가 동시에 중재시간에 참석하지 못한다면, 어머니가 참여할 수 있는 시간에 한 번 방문하고 그다음에는 아버지가 참여할 수 있는 시간에 방문하는 식으로 일정을 교대로 짜면 된다. 마찬가지로 한 주는 아침에 방문하고 다음 주는 저녁에 방문하는 식으로 조정한다. 또한 아버지가 자신의 스케줄에 미리 포함시킬 수 있도록 충분한 시간을 두고 약속을 잡는 것이 좋다.

부모 모두의 참여도가 높은 상황에서 서비스와 지원을 제공하는 것이 가장 성공적일 것이다. 상황이란 회의, 평가, 서비스의 일정, 실시되는 활동의 유형, 서비스가 제공되는 장소 등이 포함된다. 서비스 제공자는 아버지의 참여에 방해가 되는 걸림돌을 미리 파악하고 검토하여 처리함으로써 아버지의 참여가 가장 중요하고 꼭 필요하다는 강력한 메시지를 전달해야 한다.

여기서 한 가지 유의할 점은 독특한 사고방식과 행동양식을 지닌 개별 가족 구성원에 대하여 일반화해서는 안 된다는 것이다. 서비스 제공자는 어머니, 아버지 각자가 지닌 우선순위, 지원 요구, 상호작용 유형, 스케줄을 파악함으로써 각 부모가 주요 결정과 일상활동에 참여할 수 있는 기회를 제공할 수 있다. 아주 힘든 과제 중의 하나는 아버지 어머니 모두와 만족스러운 협력관계를 맺고 관계를 유지해 나가는 것이다. 책임은 서비스 제공자뿐 아니라 조기중재/유아특수교육의 어깨에도 달려 있다.

조기중재/유아특수교육 프로그램을 위한 제안

유아에게 서비스를 제공하는 프로그램의 대부분은 자문위원회(advisory board), 이사회(governing board), 또는 기타 의사결정 위원회를 두고 있다. 현재 조기중재/유아특수교육 프로그램에서 장려하는 정책과 실제를 점검할 때, 아버지가 제 위원회에서 적극적인 참여자로 활동하고 있는지 혹은 가족 회원은 대부분 어머니로 구성되어 있는지 여부를 자문해 볼 필요가 있다. 아버지의 관점은 프로그램의 우선순위와 목적에 상당히 큰 영향을 미칠 수 있다.

아버지의 적극적인 참여를 촉진하는 또 다른 전략은 남성 스태프를 채용하는 것이다. 남성은 여성보다 훨씬 수월하게 아버지의 특별한 관심사를 이끌어 낼 수 있다.

프로그램 관리자 및 스태프는 기관이 아버지와 효과적으로 일할 수 있는 지식과 능력을 얼마나 지니고 있는지 평가해야 한다. 먼저, 프로그램의 계획과 실행과정에 필요한 다음 전략들을 추가적으로 고려하는 것이 좋다.

- 아버지 관련 잠재적인 이슈와 문화적 차이로 발생할 수 있는 이슈에 대해 스태프 훈련을 실시한다.
- 아버지와의 의사소통과 상호작용을 향상시킬 수 있는 스태프 훈련을 실시한다.
- 아버지의 전문가적 의견과 경험을 공유하기 위해 스태프 훈련 시 아버지를 발표자 또는 패널 구성원으로 포함시킨다.
- 스태프 연수 시 장애를 가진 아동의 아버지에 관한 비디오테이프를 보여 준다.
- 아버지에 관한 책과 논문을 스태프에게 제공하고 그 내용에 대하여 토론한다.
- 프로그램에서 후원하는 특별 행사에 아버지를 개별적으로 초대한다.
- 적극적인 지도력을 지닌 아버지들을 포함하는 아버지 지원 집단을 만든다.
- 프로그램에서 배포되는 자료들을 검토하여 자료가 여성과 남성을 모두 포함하는 방식으로 작성되었는지 확인한다.
- 부모가 별거 중이거나 이혼한 경우, 법적으로 적절하다면 모든 정보를 부모 모두에게 보낸다. 마찬가지로 아동 양육에 관여하는 계부에게 정보를 제공한다.

조기중재/유아특수교육 프로그램이 어떤 참여 유형을 제시하느냐에 따라 아버지의 참여도 및 참여 의지는 달라질 수 있다. 예를 들어서, 프로그램에서 아동과 아버지가 공원에서 오후 시간을 보내는 행사를 지원할 수 있고 아동과 아버지가 동물원에 견학 가는 활동을 계획할 수도 있다. 단지 말로만 의견을 주고받는 것이 아니라 실제로 오후 활동이 만들어지면 아버지는 자녀와 함께 프로그램에 참여하고 싶어 할 것이다.

결 론

서비스와 지원을 전달하는 과정에 아버지를 포함시킬 수 있는 제안들이 소개되었다. 추천된 내용 각각에 대해 생각해 보고, 자신의 능력에 비추어 숙고하고, 또한 프로그램의 실제와 정책에 대해서도 생각해 보기를 바란다. 아버지도 어머니처럼 자녀 양육 참여와 조기중재/유아특수교육 서비스 참여의 정도를 선택할 것이다. 아버지가 어느 정도의 참여수준을 선택하든 간에 서비스 제공자는 아버지의 결정을 수용하고, 진행과정 중에 아버지가 조금씩 더 많이 참여하도록 격려해 나가면 된다. 아버지와 어머니의 요구를 충족시키기 위해 조기중재/유아특수교육 서비스의 문화를 바꾸는 것은 우리의 현재 사고와 실제를 바꾼다는 의미다. 알다시피 변화란 시간을 요한다. 그러나 서비스 제공자가 좀 더 유능하게 아버지와 상호작용한다면, 아동에게 미치는 성과는 향상될 것이다. 아버지와의 협력관계는 가족 중심 서비스와 지원의 중요한 요소다.

주

교신 저자: Flynn-Wilson(LFlynn Wi@uno.edu)

참고문헌

Allred, K. (1992). Fathers of young children with disabilities. *DEC Communicator, 18*(3), 6-7.

Allred, K., & Cooper, C. (1991). A comparison of mothers' versus fathers' needs for support in caring for a young child with special needs. Infant-Toddler Intervention: *The Transdisciplinary Journal, 2*(3), 205-221.

Bailey, D. B., & Simeonsson, R. J. (1988). Assessing needs of families with handicapped infants. *Journal of Special Education, 22*(1), 117-127.

Davis, P. B., & May, J. E. (1991). Involving fathers in early intervention and family support programs: Issues and strategies. *Children's Health Care, 20*(2), 87-91.

Easterbrooks, M. A., & Goldberg, W. A. (1984). Toddler development in the family: Impact of father involvement and parenting characteristics. *Child Development, 55*, 740-752.

Flynn, L. L., & Wilson, P. (2003). *Concerns and priorities: What families are saying.* Manuscript submitted for publication.

Frey, K. S., Fewell, R. R., & Vadasy, P. F. (1989). Parental adjustment and changes in child outcome among families of young handicapped children. *Topics in Early Childhood Special Education, 8*(4), 38-57.

Hornby, G. (1992). A review of fathers' accounts of their experiences of parenting children with disabilities. *Disabilities Handicap*

Society, 7(4), 363-374.

Lamb, M. (1986). The changing roles of fathers. In M. C. Lamb (Ed.), *The father's role: Applied perspectives* (pp. 3-28). New York: Wiley.

Lamb, M. E., Pleck, J. H., Charnov, E. L., & Levine, J. A. (1987). A biosocial perspective on paternal behavior and treatment. In J. Lancaster, J. Altmann, A. Rossi, & L. Sherrod (Eds.), *Parenting across the lifespan.* New York: Aldine DeGruyter.

Lambie, R., & Daniels-Mohring, D. (1993). *Family systems within educational contexts.* Denver, CO: Love Publishing.

McLinden, E. (1990). Mothers' and fathers' reports of the effects of a young child with special needs on the family. *Journal of Early Intervention, 14*(3), 249-259.

Meyer, D., Vadasy, P., Fewell, R., & Schell, G. (1982). Involving fathers of handicapped infants: Translating research into program goals. *Journal of the Division for Early Childhood, 5*, 64-72.

Parke, R. (1988). *Fathers.* Boston: Cambridge University Press.

Pruett, K. (1993). The paternal presence. *Family Society, 74*(1), 46-50.

Sparling, J., Biller, M., & Berger, R. (1992). Fathers: Myth, reality and Public Law 99-457. *Infants and Young Children, 4*(3), 9-19.

Tannen, D. (1990). *You just don't understand.* New York: Ballantine.

Turbiville, V. P., Turnbull, A. P., Garland, C. W., & Lee, I. M. (1996). Development and implementation of IFSPs and IEPs: Opportunities for empowerment. In S. Odom & M. McLean (Eds.), *Early intervention/Early childhood special education: Recommended practices.* Austin, TX: Pro-Ed.

Turbiville, V. P., Turnbull, A. P., & Turnbull, H. R. (1995). Fathers and family-centered early intervention. *Infants and Young Children, 7*(4), 12-19.

아동과 가족에게 의미 있는 장기목표 작성

Sharon E. Rosenkoetter, Ph.D., Oregon State University
Sara Squires, Parent, Families Together, Topeka, KS

개별화가족서비스계획(Individualized Family Service Plan: IFSP)의 목적은 다음과 같다. ① 특별한 요구를 가진 영유아를 위한 중재전략의 길잡이 역할을 한다, ② 특별한 요구를 지닌 영유아의 발달에 영향을 미치는 직·간접적 서비스를 선정한다, ③ 가족이 부모 역할을 하도록 지원한다(Beckman, Robinson, Rosenberg, & Filer, 1994; McGonigel, Kauffmann, & Johnson, 1991). 0~3세의 유아와 가족이 조기중재 서비스를 받는 데 있어서 개별화가족서비스계획은 법(1997년 개정 미국장애인교육법(Individuals with Disabilities Education Act: IDEA) Amendment of 1997), Part C)으로 요구된다. 주 정부, 가족, 지역의 서비스 프로그램이 동의하면, 개별화가족서비스계획은 아동의 6세 생일까지 사용될 수 있다(IDEA, 1997, Part B).

개별화가족서비스계획의 핵심은 장기목표 진술(outcome statement)인데, 이는 계획팀이 공유하는 아동 관련 비전이며 비전을 성취하기 위한 단계별 계획이다. 계획과정에 참여하는 가족, 서비스 조정자(service coordinators), 그 외 전문가는 조기중재의 방향을 끌어가는 장기목표 진술 작성에 상당히 많은 시간과 노력을 들인다. 만족스럽게 작성되고 이행되는 장기목표 진술은 팀 구성원이 모두 함께 가는 경로를 나타내는 지도가 된다. 적합한 장기목표를 찾아내는 것은 결정적 발달 시기의 영유아와 가족에게 매우 중요한 영향을 미친다(Carnegie Task Force on Meeting the Needs of Young Children, 1994; Rosin, Whitehead, Tuchman, Jesien, & Begun, 1993).

개별화가족서비스계획의 장기목표를 잘 계획하려면 유아와 가족이 시간을 보내는 사람들과 장소들을 포함시켜야 하는데, 이는 장애인교육법 Part C에서 요구하는 자연적 환경(natural environments) 규정을 따르는 것이다. 특별한 요구를 가진 유아를 기르는 각 가정이 지닌 독특한 자원, 우선순위, 관심사가 결합된 바탕 위에 훌륭한 개별화가족서비스계획 장기목표가 만들어진다(McGonigel, Woodruff, & Roszmann-Millican, 1994). 게다가 의미 있는 장기목표는 어른과 다른 아동에 의해 기대되는 지식, 기술, 활동을 표적으로 하며 가족의 일상활동에서 유아의 학습을 돕는 것이어야 한다(Bricker, Pretti-Frontczak, & McComas, 1998). 장기목표는 각 가족의 모국어로 작성되어야 하며, 가족이 이해 못하는 언어를 사용해서는 안 된다(Kansas Department of Health and Environment, 1997; McGonigel, Kauffmann, & Johnson, 1991). 이와 같은 기준에 맞게 작성된 장기목표는 전통적, 기관 중심, 치료적인 어휘로 작성된 장기목표 진술과는 분명히 차이가 있다.

효과적인 장기목표 진술은 계속 진행 중인 작업이다. 영유아가 성장함에 따라 가족의 선호, 자원, 어려움도 변하므로 매년 적어도 수 차례에 걸쳐 개별화가족서비스계획을 수정해야 한다. 이 장에서는 아동과 가족에게 의미 있는 장기목표 작성을 가능하게 하는 사고과정을 설명한다. 그리고 가족과 서비스 제공자가 함께 개발한 장기목표 진술을 평가할 수 있는 질문들을 제시한다. 마지막으로 폭넓은 가능성을 고려하면서 영유아의 잠재적인 발달에 가장 큰 효과를 미칠 수 있는 장기목표를 고안할 수 있는 사고체계를 제안한다.

이 장에서 설명되는 장기목표 개발과정은 중서부에 위치한 한 주에서 개별화가족서비스계획팀의 체제를 만들기 위한 협력에 의해 탄생되었다. 첫 전문가훈련 후에 각 개별화가족서비스계획팀은 각 지역에 적합한 방법으로 농촌과 도시지역에서 과정을 실행하였다. 가족 서비스 조정(family service coordination), 진단평가, 서비스 전달의 모델이 지역마다 차이가 있기 때문에 과정 실행에서 유연성은 매우 중요하게 여겨졌다. 요청이 있으면 기술적 지원이 계속적으로 제공되었다. 이 과정을 이행한 성과는 개별화가족서비스계획팀이 가족의 일상적인 삶에 개별화가족서비스계획을 연결시킬 수 있음을 나타내는 풍부한 일화 자료들에 의해 뒷받침된다.

사고 과정

아마도 개별화가족서비스계획 문서보다 더 중요한 것은 가족과 서비스 제공자가 함께 경험하는 탐색 과정(process of exploration)

이 될 것이다. 탐색이 얼마나 지속적으로, 복합적이며 허심탄회하게 이루어지는가는 다음과 같은 요소에 달려 있다. ① 서로에게 질문하고 상대방의 말을 듣는 개방성, ② 탐색과정 시간, ③ 가족이 가진 서비스 제공자들과의 전반적인 과거 경험 및 특정 조기중재 제공자와의 이전 경험이다. 탐색의 한 가지 방법을 소개하면 다음과 같다.

첫 번째 단계는 ① 가족과 서비스 제공자가 가진 발달의 우선순위, ② 가족 중 누군가와 관련되면서 아동 발달에 영향을 미치는 이슈에 대한 가족의 관심사, ③ 앞으로 몇 주, 몇 개월간 강조할 중재에 대한 가족의 선호와 같은 사항을 논의하는 것이다. 개별화가족서비스계획의 초안을 작성하기 이전에 먼저 "왜 이것이 우리와 우리 자녀에게 중요한가?"에 대해 모두가 이해해야 한다.

다음 단계는 아동과 가족이 시간을 보내는 장소에 대해 논의하는 것인데, 그 장소에서 어떤 활동을 하는지 또는 어떤 활동을 하기를 원하는지도 함께 논의한다. 여기에서 언급되는 장소는 집 밖(예: 유아와 엄마가 함께 이용하는 수영장과 탈의실, 도서관의 동화시간, 협동놀이 집단) 혹은 집 안(예: 거실 마루, 식탁의자, 마당의 놀이기구)일 수 있다. 가족이 중요하게 여기는 환경을 전문가가 방문한 적이 있다면, 가족이 그곳에서 발달적으로 의미 있는 중재를 계획할 수 있도록 도울 수 있다.

실제 장기목표 작성은 목적을 쓰는 것부터 시작된다. 목적은 대명사와 관찰 가능한 동사로 서술되어야 한다. 예컨대, "준구는 가족과 자전거 나들이를 할 때 어머니나 아버지 자전거의 개조된 의자에 앉을 것이다……."

목적 뒤에 이유(rationale)가 따른다(예: "~을 위하여." "그래서…….”). 이유는 그 행동이 가족과 아동에게 왜 중요한지를 말해주는 것이며 참여자 모두가 동의하였음을 가리킨다. 그래서 선택된 활동은 팀이 아동과 가족에 대해 가지는 목적과 명확하게 연계된다. 예컨대, “……그래서 가족나들이로서 부모와 형제들이 매우 즐기는 활동을 하면서 준구는 몸통 근육의 힘을 기르고 균형을 잡을 수 있다.”

개별화가족서비스계획 작성자는 장기목표 성취를 위해 관련된 사람들이 수행할 단계들을 기록하고 언제, 어디에서 할 것인지도 기록한다. 단계는 가족이 이미 설명한 장소에서, 그리고 그곳에서 평소 함께 지내는 사람들과 실시되는 경우가 많다. 단계는 아동의 발달적 요구를 다루거나 다른 가족 구성원이 좀 더 많이, 좀 더 편안하게 선택된 활동에 참여할 수 있는 요구를 다룬다. 보험금 지급과 같이 제3자가 지급하기 때문에 전문적인 용어로 작성된 치료계획이 필요하다면, 그 중재에 대한 단계가 개별화가족서비스계획 문서에 추가될 것이다. 그렇지 않다면, 장기목표 진술에 기록되는 단계는 비전문적인 용어로 작성되어야 한다.

개별화가족서비스계획의 계획자는 목적을 성취하였는지 여부를 알 수 있는 방법을 결정해야 한다. 평가 계획은 평가가 이루어지는 환경에 적절해야 한다. 가령, 아동이 물건을 잡기 위하여 손을 뻗는 것을 학습하고 있다면, 점심시간에 자신이 원하는 크래커나 과자를 성공적으로 잡는가? 아동이 타인과의 눈 맞춤을 학습하고 있다면, 맥도날드에서 주문한 햄버거 세트를 받을 때 상대와 눈 맞춤을 하는가? 달리 말하자면, 평가 질문은 “……전인적인 아동(whole child), 상황 속의 아동(child in context), 아동이 무엇을 어떻게 배우는지에 직간접적인 영향을 미치는 상황과 학습자 간의 복잡한 상호의존성, 이 세 가지 모두에 대한 이해" (Salisbury & Vincent, 1990, p. 82)를 반영해야 한다. 장기목표 평가는 난해한 통계 자료보다 가족에게 유의미한 용어로 진술되어야 한다. 자료수집은 가능한 한 신중히 이루어져야 하며, 짧게 기록한 노트나 비형식적인 관찰에 의한 회상 기록도 평가 자료로 활용될 수 있다(Hutinger, 1994).

가족과 서비스 제공자가 계속적으로 개별화가족서비스계획을 수정해 가듯이, 일상적인 팀 논의에서 이루어지는 이 사고과정을 통해 가족과 제공자는 새로운 우선순위를 만들어 갈 것이다.

장기목표를 평가하기 위한 질문

이전에 작성된 장기목표를 평가하거나 새로운 장기목표를 작성할 때 도움이 되는 질문 몇 가지를 소개하는데, 이 질문들은 앞서 설명한 사고과정의 복습이기도 하다.

1. 장기목표를 작성하는 이유를 알고 있는가? 장기목표가 아동 및 가족 지원에 관한 장기적인 목적에 부합되는가? 재차 강조하지만, 개별화가족서비스계획 과정의 목적은 단순히 가족 파일에 문서를 만들어 넣는 것이 아니라, 팀이 공유하는 목적을 탐색하고 이를 일상 활동으로 옮겨 발달적 성장에 점진적으로 기여하는 것이다.
2. 장기목표는 가족이 선택한 활동과 조화를 이루는가? 가족의 일

상적인 일과 및 현재 가족이 반드시 해야 하는 일들 속에 장기 목표가 무리 없이 포함되는가? 목표가 가족에게 중요한 것이지만 현재 가족이 지닌 자원으로 볼 때 활동을 실행하는 것이 불가능하다면, 어떤 지원이 제공됐을 때 목표 실행이 가능해지겠는가? 예를 들어, 김준구의 가족은 가족이 함께 자전거를 타던 예전 스케줄을 다시 시작하기를 원한다. 그러나 영아를 데리고 자전거를 타기 위해서는 물리치료사의 조언과 지속적인 지원이 필요하며 현재 자전거의 디자인을 개조하려면 장비기사의 지원이 필요할 것이다.

3. 발달적 목적을 달성하는 데 필요한 지원 결정 시 제한적인 선택사항들을 무심코 목록화하기보다 비형식적이면서 자연스럽고, 지역사회에 근거한 지원이 충분히 검토됐는가? 이를테면, 치료사는 서비스를 제공하기 위해 현재 아동이 다니는 보육시설에서 아동을 데리고 나와 장애아동 프로그램에 등록시키기보다 보육시설에서 또래와 함께 있을 때 아동에게 서비스를 제공할 수 있다. 물론 이 질문에 대한 답은 각 아동과 가족에게 개별적으로 적합해야 하고 전체 팀원이 함께 결정해야 한다.
4. 누가 비용을 지불하거나 제공하는가? 지역사회 내의 기관, 가족, 익명의 인물, 재원(funds)을 찾고 비용을 충당하려면 프로그램 차원에서 어떤 조처가 필요한가? 원하는 지급인의 동의를 확실하게 끌어낼 수 있도록 요구가 충분히 구체적으로 설명되어야 하는가? 가족과 함께 조기중재자는 재원을 잘 찾아보아야 하는데, 특정 요구에 관한 전문가를 찾으려면 누구를 접촉해야 하는지, 아직 잘 알려지지 않은 재정적 자원이 있는지 등을 샅

샅이 조사해야 한다. 재원을 찾는 업무를 담당하는 직원을 Part C 프로그램에 고용한 주 정부도 여럿 있다. 이 밖에 주의 발달장애집단을 활용하는 것도 좋다. 실례로서, 어느 부모와 가족 서비스 조정자는 인터넷상의 정보공간(World Wide Web)에서 총 30시간 동안 다른 장애아동의 부모들과 대화를 나눈 결과 그들이 고가의 보조공학 도구가 필요할 때 여러 기관의 지원을 어떻게 모았는지를 알게 되었다. 특별한 프로젝트나 서비스에 드는 재원을 찾는 방법으로서 의과대학 미디어센터를 포함하여 도서관을 이용하는 것도 도움이 된다.

5. 장기목표가 전문가 집단의 특수용어가 아니라 가족이 사용하는 언어로 작성되었는가?
6. 이 장기목표가 아동과 가족에게 정말 중요한가? 이 장기목표로 인해 혜택을 받는 이는 누구인가? 누가 이 목표를 원하는가? 한 예로, 부모가 개별화가족서비스계획에 교회의 탁아담당자 훈련을 포함시켜 달라고 요청했다고 하자. 부모의 요청 이유는, 아동에게 새로운 사회적 기회를 즐길 수 있게 해 주는 것은 물론이고 아동의 쌍둥이 자매가 매번 아동에게 설명해 주지 않아도 되며, 가족이 안심하고 교회활동에 참여할 수 있기 때문이다.

저자들이 많은 개별화가족서비스계획을 살펴본 결과 조기중재자와 가족 서비스 제공자 팀들이 가족의 자연적 환경을 관찰하기 이전에 미리 장기목표의 초안을 작성하는 경우가 종종 있음을 발견하였다. 이러한 팀들은 서비스를 받는 아동들에게 같은 유형의 장기목표를 틀에 박힌 채 반복하여 쓰고 있었다. 유감스럽게도 작성된 장기목표가 너무 제한적일 때 유아의 학습뿐만 아니라 가족의 참여도 제한적일 수 있다.

의미 있는 장기목표의 유형

다음은 잘 알려진 유형이면서도 당신이 미처 고려하지 못한 유형의 장기목표들이다. 이 체제는 『유아 중심의 결과를 고려하기(Considering Child-Based Results for Young Children)』(Kagan, Rosenkoetter, & Cohen, 1997)를 수정한 것이다.

일상활동에서 아동에게 초점을 맞춘 장기목표

아동 발달에 관한 장기목표　아동 발달에 관한 장기목표란 가족 또는 아동의 현재 삶에 중요하거나 앞으로의 발달에 필수적인 다섯 가지 발달 영역에서의 성취를 의미한다.

예: "놀이집단에서 또래와 더 많은 놀이를 하기 위하여 탤리는 보행 보조기(walker)를 착용한 채 또래를 향해 다섯 걸음을 옮길 것이다."

아동 경험에 관한 장기목표　아동 경험에 관한 장기목표는 아동이 미래의 환경에 준비하기 위해서 반드시 경험해야 하는 활동에 참여하는 것이다.

예: "내년 가을 유치원 프로그램을 시작하기 전에 어머니와의 분리 연습을 위하여 자레드는 '어머니의 오전 일손 덜어 주기(Mother's Morning Out)' 활동에 매주 참여할 것이다."

아동 동기에 관한 장기목표 아동이 느끼는 즐거움, 배우고 참여하고자 하는 욕구, 적극적인 참여 등 미래 학습의 핵심적 기초를 향상시킬 수 있는 활동이 아동 동기 관련 장기목표다.

예: "가정에서 적어도 5분간 혼자 놀면서 이네즈는 서로 다른 동작을 나타내는 장난감 스위치를 최소한 4개 누를 것이다. 이네즈는 스스로 즐거움을 느끼기 위하여 그리고 원하는 것을 얻기 위한 행동을 시작하기 위해 이 활동을 할 것이다."

아동 발달에 영향을 미치는 활동에서 가족 구성원 1명 이상에게 초점을 맞춘 가족 장기목표

가족 정보/자원 발견에 관한 장기목표 이 목표는 가족이나 서비스 제공자가 정보를 확보하여 가족이 자신들에게 중요한 이슈에 대해 의사결정을 하거나, 원하는 자원에 접근하거나, 미래 계획을 세울 수 있게 하는 것이다.

예: "마셀라는 딸 윌라가 지닌 경직성 사지마비(spastic quadriplegia)가 아동기와 성인기에 미치는 영향에 대한 지식을 쌓기 위해 물리치료사와 함께 일할 것이다. 그래서 마셀라는 딸에게 닥칠 수 있는 어려움에 대해 미리 준비하고 가족의 미래 요구를 계획할 수 있다."

가족의 재정에 관한 장기목표 가족 재정에 관한 장기목표란 가족이 재정적 계획을 세울 수 있도록 정보를 수집하는 것이다.

예: "자녀 티우를 돌보는 데 생활보조금(Supplemental Security Income: SSI)을 받아 이용할 수 있는지를 알아보고자 리와 창은 가족 서비스 제공자와 함께 생활보조금에 대한 정보를 수집할 것이다."

가족의 사회-정서적 지원에 관한 장기목표 이 목표는 가족이 다른 사람들과 친교를 맺고 지원 단체와 친분을 쌓도록 지원하는 활동이다.

예: "조디는 성패트릭 교회의 성경공부와 기도모임에 참여하기 위해 가족 서비스 조정자의 도움을 받아 육아도우미를 찾고 훈련시켜서 활용할 것이다." 혹은 "가족이 함께 도움을 받아 스테파니와 존은 부모결연 네트워크(Parent to Parent Network) 내에서 자신들의 일상생활을 이해할 수 있는 다운 증후군 유아 부모들과 친분을 쌓고 교류할 것이다."

가족 강화에 관한 장기목표 가족의 건강, 안전, 삶의 질을 향상시킬 수 있는 활동과 관련된 것이 가족 강화 장기목표다.

예: "폭력의 위험을 줄이고 안전에 대한 걱정을 덜기 위하여 마가렛과 자녀들이 적당한 가격의 안전한 주택으로 이사할 수 있게 마가렛과 가족 서비스 조정자는 함께 일할 것이다."

가족의 개인적 장기목표 이 목표는 부모의 자녀 양육 능력을 증진시킬 수 있는 활동과 관련 있다.

예: "가족 서비스 조정자의 도움을 받아 엔리크는 언어 가정교사를 찾고 고교졸업장을 취득할 수 있는 대안 프로그램에 등록할 것이다. 그래서 엔리크는 가족을 부양할 수 있는 더 나은 직업을 갖기를 희망한다."

조기중재를 지원하는 서비스 네트워크/주 행정조직의 기관 활동에 초점을 맞춘 네트워크와 기반에 관한 장기목표

추가적인 진단평가에 관한 장기목표 이 목표는 아동 또는 가족을 위한 계획을 세울 때 도움되는 정보를 더 많이 수집할 수 있는 시스템 활동이다.

예: "제이슨이 포괄적인 청력검사를 받아서 더 나은 언어활동 계획을 세울 수 있도록 엘리와 폴은 가족 서비스 조정자, 지역사회 기관, 자금 제공자와 일할 것이다."

장비나 자료취득에 관한 장기목표 장비 혹은 자료취득 목표는 아동 및 가족 상황의 분석, 필요한 물품 주문 및 취득, 필요한 물품 사용과 관련된 사람 훈련 등과 관련이 있다.

예: "자선단체 이스터 실즈(Easter Seals)의 후원을 받아 폴라와 피트는 메간에게 적합한 휠체어를 받을 것이다. 그리고 휠체어 사용법을 배워 메간이 가족과 함께 외출할 것이다." 혹은 "지체장애를 가진 폴라는 지역사회 성인장애인기관의 지원을 받아서 옷을 갈아입히는 탁자(special changing table)를 마련하

고 이를 사용하는 방법을 배워서 라리사의 기저귀를 갈아 줄 것이다."

인력에 관한 장기목표　이 목표는 조기중재 시스템에서 가족을 지원할 때 추가적으로 또는 별도로 준비된 인력이 필요한 경우와 관련 있다.

예: "가족 서비스 조정자와 동아시아 자원위원회의 도움을 받아서 귀엥 씨 부부는 몽(Hmong)어와 영어를 구사하는 통역을 찾을 것이다. 그래서 의사방문 시 그와 동행하여 바오의 진보에 대해 의사와 충분히 대화할 것이다."

필요한 서비스 발견 및 조정에 관한 장기목표　이 목표는 필요한 서비스들을 발견하고 이들을 서로 어울리게 하는 것과 관련 있는데, 이의 목적은 하나의 통합된 프로그램으로 가족과 아동을 지원하기 위함이다.

예: "제이크가 점심시간에 빌리의 치료에 참여할 수 있도록 제이크 직장 근처의 보육시설(인근 교육구)에서 빌리가 중재 서비스를 받을 수 있게 제이크와 가족 서비스 제공자는 Part C 프로그램과 두 지역 교육구와 함께 일할 것이다."

필요한 서비스 비용지불에 관한 장기목표　이는 필요한 서비스에 대한 재원을 마련하는 것과 관계가 있다.

예: 마사가 "로비를 다른 사람에게 맡기고 파트타임을 시작할 수 있도록 보육에 필요한 비용을 마련하기 위해 마사와 가족 서

비스 조정자는 사회재활 서비스(Social and Rehabilitation Services: SRS)와/또는 지역교회 간 협의회(local interchurch council)와 일할 것이다."

교통수단에 관한 장기목표 이 목표는 아동을 지원하기 위해 가족이 필요로 하는 교통수단을 주선하는 것과 관련 있다.

예: "고메즈 가족은 가족 서비스 조정자와 모닝사이드침례교회 여성부의 차량지원을 받아 신생아 집중치료실에 있는 아기를 정기적으로 방문할 것이다."

훈련에 관한 장기목표 가족 또는 기관 스태프가 아동을 안전하게 돌보고 효과적으로 교육하는 데 필요한 훈련과 기술적 지원이다.

예: "토드가 유치원 프로그램에서 보육시설로 옮겨 오면 보육시설에서의 활동에 충분히 그리고 안전하게 참여할 수 있도록, 보육시설의 스태프 4명은 산소공급 장비를 조정하는 훈련을 받고, 자신들의 장비 조정기술을 증명해 보일 것이다.

요 약

조기중재자는 가족과 함께 작성한 장기목표를 평가할 필요가 있으며, 작성된 장기목표에 미흡한 점이 발견되면 가족의 도움을 받아 내용과 언어를 수정할 필요가 있다. 이를 잘할 수 있는 한 가지 방법은 가상 또는 실제 사례연구를 통하여 가족을 포함한 팀 구성원이 장기목표를 개발하고 평가하는 것이다. 이 장에서 제시된 장기목표 평가용 질문이 이러한 분석과정에 도움이 될 것이다.

네트워크/기반 관련 장기목표를 개발할 때 발생하는 이슈는 미래의 스태프 개발 및 자원계획을 위해서 기관과 주 정부 관리자뿐 아니라 지역의 기관 간 조정 협의회와도 공유할 만한 가치가 있다. 이슈의 예로서 다문화적 민감성, 장비 관리, 전이 장애물, 재원 관련 어려움 등을 들 수 있다.

주

본 논문의 개념은 캔자스 주 건강 및 환경국의 캔자스 영아 서비스와의 협력에 의해 조기중재자에게 제공하는 기술적 지원의 일부로서 개발되었다. 본 논문작업의 대부분은 교신 저자가 Associated Colleges of Central Kansas에 근무할 때 완성되었다.

교신 저자: Sharon E. Rosenkoetter(sharon.rosenkoetter@orst.edu)

참고문헌

Beckman, P. J., Robinson, C. C., Rosenberg, S., & Filer, J. (1994). Family involvement in early intervention: The evolution of family-centered service. In L. J. Johnson, R. J. Gallagher, M. J. LaMontagne, J. B. Jordan, J. J. Gallagher, P. L. Hutinger, & M. B. Karnes (Eds.), *Meeting early intervention challenges: Issues from birth to three* (pp. 13-32). Baltimore: Paul H. Brookes.

Bricker, D., Pretti-Frontczak, K., & McComas, N. (1998). *An Activity-based approach to early intervention*. Baltimore: Paul H. Brookes.

Carnegie Task Force on Meeting the Needs of Young Children. (1994). *Starting points: Meeting the needs of our youngest children.* New York: Carnegie Corp.

Hutinger, P. L. (1994). Linking screening, identification, and assessment with curriculum. In L. J. Johnson, R. J. Gallagher, M. J. LaMontagne, J. B. Jordan, J. J. Gallagher, P. L. Hutinger, & M. B. Karnes (Eds.), *Meeting early intervention challenges: Issues from birth to three* (pp. 51-94). Baltimore: Paul H. Brookes.

Individuals with Disabilities Education Act (IDEA) Amendments of 1997. (1997). 20 U.S.C., Secs. 1400-1485.

Kagan, S. L., Rosenkoetter, S., & Cohen, N. (1997). *Considering child-based results for young children: Definitions, desirability, feasibility, and next steps* (Report on issues forums conducted for the W. K. Kellogg Foundation, the Carnegie Corporation of New York, and Quality 2000). New Haven, CT: Yale Bush Center on Child Development and Social Policy.

Kansas Department of Health and Environment (KDHE). (1997). *Procedure manual for infant-toddler services in Kansas.* Topeka, KS: Author.

McGonigel, M. J., Kauffmann, R. K., & Johnson, B. H. (Eds.). (1991). *Guidelines and recommended practices for the individualized family service plan* (2nd ed.). Bethesda, MD: National Early Childhood Technical Assistance System and Association for the Care of Children's Health.

McGonigel, M. J., Woodruff, G., & Roszmann-Millican, M. (1994). The transdisciplinary team: A model for family-centered early intervention. In L. J. Johnson, R. J. Gallagher, M. J. LaMontagne, J. B. Jordan, J. J. Gallagher, P. L. Hutinger, & M. B. Karnes (Eds.), *Meeting early intervention challenges: Issues from birth to three* (pp. 95-132). Baltimore: Paul H. Brookes.

Rosin, P, Whitehead, A., Tuchman, L., Jesien, G., & Begun, A. (1993). *Partnerships in early intervention: A training guide on family-centered care, team building, and service coordination.* Madison, WI: University of Wisconsin, Waisman Center Early Intervention Program.

Salisbury, C. L., & Vincent, L. J. (1990). Criterion of the next environment and best practices: Mainstreaming and integration ten years later. *Topics in Early Childhood Special Education, 2,* 78-89.

가족 중심의 중재

개별화가족서비스계획과 실행 간의 격차 해소

Lee Ann Jung, Ph.D., University of Kentucky

Caroline Gomez, Ph.D., Auburn University, Auburn, AL

Samera Baird, Ph.D., Auburn University, Auburn, AL

에이미는 농촌지역의 아동 20명에게 가정 중심 서비스를 제공하는 유아특수교사다. 그녀는 가족 참여가 중재에서 중요하다는 사실을 대학 때 익히 배웠으나, 현실에서는 이것이 얼마나 어려운지 이제야 체험하고 있다. 최근의 가정방문에서, 에이미는 자레드와 마루에 앉아 있었고, 어머니 트리샤는 소파에 앉아 있었다. 에이미는 트리샤에게 본인이 제안한 활동을 지난 한 주 동안 제라드와 했는지 물어보았다. 이에 트리샤는 "몇 번 정도인 듯해요. 지난주는 제라드 누나 신학기 준비로 너무 바빴어요."라고 답변하였다. 에이미는 트리샤에게 제라드의 의사소통 기술을 자세히 설명하면서 촉진하기 시작했다. 에이미의 시범을 본 트리샤가 의사소통 촉진방법을 습득하여, 이번 주에는 제라드와 활동할 수 있기를 에이미는 희망하였다.

에이미처럼 조기중재 분야의 많은 전문가들은 조기중재가 성공하려면 가족이 반드시 적극적으로 참여하여 중재계획을 실천해야 한다고 배웠을 것이다. 가족 참여가 중요함에도 불구하고 가족과 파트너가 되는 방법이나 양육자를 가르치는 방법에 대해 훈련을 받은 전문가는 거의 없다(Washington, Schwartz, & Swinth, 1994). 그 결과 대학을 졸업하고 조기중재 전문가로서 일을 시작하게 되면, 많은 전문가들은 가족의 적극적인 참여 없이 자신이 고안한 아동 중심의 중재를 직접 제공하게 된다(Harbin et al., 1998; Jung & Baird, 2003; McBride & Peterson, 1997). 일반적으로 전문가들은 완수(follow-through) 문제를 가족의 탓으로 돌리며, 계획을 끝까지 실천해 나가는 것이 얼마나 중요한지 가족이 이해하지 못한다거나, 가족이 중재방법을 배울 수 없다거나, 가족이 관심이 없다는 등의 표현을 한다(Bernheimer & Keogh, 1995). 정작 문제를 중재구조(intervention design)의 탓으로 돌리는 전문가는 많지 않은 편이다.

개별화가족서비스계획 장기목표만으로 충분하지 않다

개별화가족서비스계획은 교수설계와 중재전략의 아주 작은 부분까지 세밀하게 기술하는 공간은 아니다. 오히려, 개별화가족서비스계획은 부모와 전문가가 파트너가 되어 가족에게 의미 있는 장기목표를 선정하고 그 목표를 성취할 수 있는 체제를 개발하는 수단이다(Blasco, 2001). 일과에 기반한 평가가 완료되고 장기목표가 선정된 이후 자연적 환경에서 중재계획이 시작될 수 있다. 개별화가족서비스계획 체제로부터 가족이 실행하는 구체적인 중재절차로 옮겨 가기 위해서는 중재계획이 필요하다(Bricker, Pretti-Frontczak, & McComas, 1998). 중재계획이란 원하는 장기목표를 성취하기 위한

체계적인 설계(systematic design)다. 중재계획은 ① 장기 목표, ② 단기목표, ③ 경험에 근거한(empirically based) 단기목표 성취방법, ④ 자료수집 체계를 반드시 포함해야 한다.

과거의 중재계획은 진단평가 도구에서 직접 추출한 구체적이고 분리된 기술을 아동에게 가르치기 위한 전략을 개발하는 데 초점을 맞추었다(Harbin et al., 1998). 특수아동협회 유아교육분과(Division for Early Childhood of the Council for Exceptional Children)의 추천 실제(Recommended Practices)에 의하면, 중재목표는 아동이 자연적 환경에서 좀 더 유능하고 완벽하게 기능할 수 있도록 필요한 기술을 가르치는 데 초점이 맞추어져야 한다(Wolery, 2000). 더 나아가, 아동의 진단적 분류에 근거한 중재목표가 아니라, 가족의 일상적인 일과에서 아동의 현재 행동 및 능력에 근거하고 아동이 학습해야 할 것에 대한 가족의 견해를 반영한 중재목표가 되어야 한다고 추천 실제는 강조한다. 가족이 중재계획을 실행할 수 있게 하려면 아동의 장기목표가 현재 환경에서 필요하고 기대되는 것들과 반드시 결합되어야 한다. 아동이 무엇을 배워야 하는지 알려 주고 직접 서비스를 제공하는 것이 가정방문의 목적이라면, 전문가가 아무리

가족 친화적인 언어를 사용한다 해도 가족에게 보내는 메시지는 "내가 전문가이며, 내가 직접 중재하고 치료하는 것이 자녀에게 훨씬 더 낫습니다."이다.

간단하게 작성된 계획이 있으면 전문가와 논의했던 방법대로 학습 기회를 사용하기가 훨씬 용이하다고 가족들은 말한다(Dunst, Bruder, Trivette, Raab, & McLean, 2001). 또한 중재계획은 가족의 역량을 강화시킬 수 있다. 왜냐하면, 계획은 명확하게 기술된 교수 절차를 담고 있으며 가족의 중재 실행능력에 대한 신임을 드러내기 때문이다. 그러므로 본 연구의 목적은 개별화가족서비스계획의 장기목표와 자연적 환경에서 실행되는 중재 간의 거리를 좁히기 위해 가족이 사용할 수 있는 중재계획을 개발하는 방법을 설명하는 것이다. 가족에게 초점을 맞춘 장기목표를 확인하는 것이 개별화가족서비스계획 과정에서 매우 중요한 것은 틀림없으나, 본 연구의 초점은 아니다. 오히려 본 연구의 초점은 개별화가족서비스계획을 통해 아동에게 초점을 맞춘 장기목표를 다듬고, 가족의 일상 속에서 장기목표를 다룰 수 있는 계획을 개발하는 데 있다.

아동에게 초점을 맞춘 중재계획 개발 및 실행

본 논문에서 설명되는 중재계획 과정은 아동에게 초점을 맞춘 중재(child-focused intervention)를 가족이 실행할 수 있게 돕는 목적으로 개발되었다. 중재계획 과정은 다음과 같은 7단계로 이루어진다. ① 중재를 위해 개별화가족서비스계획의 장기목표 다듬기, ② 현재

〈표 1〉 중재계획 개발 체크리스트

단계	기준	✓
1단계: 개별화 가족 서비스 계획 장기목표 다듬기	2~4개월 이내에 성취될 수 있는 장기목표인가?	
	발달 또는 더 나은 기능에 필요한 장기목표인가?	
	가족의 우선순위나 관심사가 확실하게 관련된 장기목표인가?	
	장기목표에 이유, 상황, 기준이 포함되어 있는가?	
2단계: 현재의 기능적 행동 분석	팀은 아동의 행동과 행동의 선행사건 및 후속 결과에 대하여 가족과 충분히 논의했는가?	
	팀원들이 아동의 현재 능력을 이해하기 위해 단기목표와 관련된 아동 행동을 관찰했는가?	
3단계: 자연적 학습 기회 파악	일과 중심 또는 이와 유사한 평가가 이루어졌는가?	
	팀은 학습이 일어날 수 있는 상황, 활동, 일과를 확인하였는가?	
	팀은 중재를 실행하기 어려운 상황, 활동, 일과를 확인하고, 이를 제외시켰는가?	
4단계: 전략 선정	가족이 이미 사용하고 있는 것으로서 발달을 촉진하는 기법이 중재계획에 포함되었는가?	
	목표를 성취하기 위하여 경험에 근거한 중재전략들이 선정되었는가?	
	선정된 중재전략은 가족이 실행자 역할을 담당할 것을 명시하고 있는가?	
5단계: 충실도 보증	뚜렷하고 구체적인 예를 이용하여 팀원들에게 계획이 명확하고 철저하게 설명되었는가?	
	실행자(들)에게 중재가 명료하게 설명되었는가?	
	실행자(들)가 중재를 실제로 사용해 볼 수 있는 기회를 가졌는가?	
	필요한 경우, 실행자(들)는 피드백이나 제안을 받았는가?	
	실행자(들)를 관찰한 팀 구성원은 실행자의 새 전략 사용능력을 신뢰하는가?	
6단계: 자료수집 체계 개발	자료수집 체계가 이해하기 쉽고 가족의 일과와 적절하게 조화를 이루는가?	
	자료수집 방법이 목표에 적합한가?	
	자료수집 체계는 가족이 형식적으로나 비형식적으로 자료를 수집하기에 용이한가?	
	자료수집 체계는 진보를 그래프화할 수 있는 방법을 포함하는가?	
7단계: 계획 평가	중재자는 아동의 진보를 평가한 내용을 가족과 공유하였는가?	
	중재자는 가족과 함께 자료를 검토하였는가?	
	필요한 경우, 중재자와 가족은 수정하였는가?	

(baseline)의 기능적 행동 분석, ③ 자연적 학습 기회 파악, ④ 경험적으로 증명된 전략 선정, ⑤ 충실도(fidelity) 보증, ⑥ 자료수집 체계 개발, ⑦ 계획 평가. 조기중재자가 중재계획 과정의 각 단계를 이행한 충실도를 측정할 수 있도록 체크리스트가 기준과 함께 〈표 1〉에 제시되었다. 계획과정을 직접 적용하여 작성된 중재계획 견본은 부록에 있다. 이 계획 견본을 이용하여 7단계 과정의 각 단계가 설명된다.

1단계: 중재를 위해 개별화가족서비스계획 장기목표 다듬기

개별화가족서비스계획에 나타나는 아동 중심 장기목표는 6개월 단위의 재검토 일정에 맞추어 보통 6개월 이내에 성취할 만한 것으로 작성된다. 따라서 개별화가족서비스계획의 아동 중심 장기목표는 중재계획을 세울 때 장기목적으로 사용하는 것이 적절하다. 부록에 있는 메이시의 계획 예를 보면, 개별화가족서비스계획의 장기목표는 "메이시가 도움 없이 넘어지지 않고 걸을 것이다."로 중재계획의 장기목적으로 잘 표현되었다.

장기목적이 결정되고 모두가 이에 동의하면, 가족과 전문가는 장기목적을 단

기목표들로 나눈다. 단기목표는 4가지 요소를 반드시 포함하는데, 이는 목표에 대한 이유 설명, 표적행동 정의, 상황 확인, 성취기준 결정이다. 메이시의 경우, 장기목적을 달성하기 위한 첫 중재로서 개발된 단기목표는 "일주일 동안 메이시는 집에서 시도할 때마다 누구의 도움 없이 넘어지지 않고 문턱을 넘을 것이다. 그래서 방과 방 사이를 안전하게 독립적으로 옮겨 다닐 수 있게 된다."이다.

목표에 대한 이유 설명 목표에 대한 이유는 목표가 아동과 가족의 삶에 연관성을 지니고 있음을 증명하는 것이어야 한다. 기능적 장기목표란 아동의 발달에 반드시 필요하거나 아동 또는 가족이 자연적 환경에서 더 나은 기능을 하는 데 필수적인 것이다(Bailey & Wolery, 1992). 메이시의 예에서 목표에 대한 이유는 "그래서 방과 방 사이를 안전하게 독립적으로 옮겨 다닐 수 있게 된다."가 된다. 가족이 일상적 일과에서의 아동 기능에 근거한 장기목표를 선택했다면, 개별화가족서비스계획의 아동 중심 장기목표는 이미 기능적이며 구체적인 가족 관심사나 우선순위와 연결될 수 있다. 그래도 전문가는 확실하게 하기 위해서 연관된 우선순위와 관심사를 재검토할 필요가 있다.

표적행동 정의 중재계획으로 선정된 단기목표의 표적행동은 관찰가능하며 측정가능하고 반복가능하며 2~4개월 이내에 성취될 수 있는 행위 동사가 되어야 한다. 작지만 도달할 수 있는 행동목표를 선정함으로써 개별화가족서비스계획의 장기목표를 향하여 구체적인 단계를 차근차근 중재해 나갈 수 있다. 어떤 아동은 진보가 천천히 나타나므로 양육자가 좌절감을 느낄 수 있다. 그러나 중재계획이 작은 변화도 간파할 수 있도록 설계된다면 아주 작은 진보일지라도 확인할 수 있으며 성취를 기뻐할 수 있다.

상황 확인 상황 확인이란 어떤 조건에서 아동에게 표적행동이 필요한가를 결정하는 것이다. 이 과정을 통해 중재자와 가족은 표적행동과 그 행동을 필요로 하는 환경을 분명하게 연결 지을 수 있다. 가족과 함께 상황을 확인함으로써 아동이 행동이나 기술을 일상활동에서 어떻게 사용할 수 있는지에 대해 개별적으로 설명하게 되므로 발달적 장기목표는 상황과 연관된다. 확인된 장기목표를 지원하기 위한 전략을 가족과 함께 논의할 때 중재자는 상황을 인용하여 전략을 설명한다. 메이시를 예로 들면, 걷기 시작한 메이시가 평탄하지 않은 표면 위도 걸을 수 있도록 가정에서 도와줘야 한다는 식의 모호한 대화가 아니라, 메이시가 집 안에서 문턱을 넘어 다닐 수 있도록 돕는 구체적인 방법에 대해 가족과 논의해야 한다. 또한 상황을 구체화하는 것은 목표를 좀 더 측정가능하게 만든다. 왜냐하면, 아동이 언제 행동을 보일 것인지 또는 언제 기술을 사용하는지에 대해 팀원이 정확하게 이해할 수 있기 때문이다. 메이시의 경우, 가정에서 메이시가 방과 방 사이를 옮겨 다닐 때 모두가 이 기술에 집중할 것이다.

성취기준 결정 성취기준을 포함시킴으로써 가족과 전문가는 바라는 장기목표가 무엇인지를 분명히 알게 되고 목표에 도달했는지를 측정할 수 있게 된다. 장기목표를 향한 진보를 가족이 확인할 것이므로 기준은 복잡하지 않고 구체적이어야 한다. 복잡한 기준의 예를 들면, “10회 중 7번 이상을 연속해서 5일간”이 된다. 이 기준은 구체적이며 행동적 목표 작성을 언급한 추천 실제와 일치하는 것처럼 보이나, 이 기준은 가족 친화적이지 않다. 이 기준은 가족으로 하여금 매일 10번씩 자료를 형식적으로 수집하도록 압박을 가하며 자연스러운 일과를 자료수집 시간으로 전환시키기 때문이다. 둘째, 이 기준은 가족에게 친숙하지 않고 다소 위협적인 용어를 사용해 가족의 역량을 감소시키는 기준이 될 수도 있다. 좀 더 적절한 기준은 “……매일 식사 시간마다 또는 가족이 진보에 만족할 때까지”가 적당하다. 메이시의 계획에서 기준은 “일주일 동안 시도할 때마다 도움 없이 넘어지지 않고”라고 할 수 있다.

2단계: 현재 행동 기능 분석

중재전략을 개발하고 진보를 측정하기 위해서는 단기목표와 관련된 아동의 현재 행동이나 발달에 관해 전문가와 가족이 이야기를 나눌 필요가 있다. 팀원이 목표와 연관된 아동의 현재 행동을 이해하고 있다면 효과적인 중재를 개발할 가능성이 훨씬 높다. 행동을 이해한다는 것은 다양한 행동 직전에 일반적으로 일어나는 것(즉, 선행사건)과 그 행동 직후에 일어나는 것(즉, 후속 결과)을 파악하는 것이다. 이러한 논의의 일부는 단기목표 선정과정 중에 이루어져야 한다. 자연적 환경에서 아동을 관찰하거나 양육자에게 물어보는 식으로 전문가는 아동의 현재 행동에 대한 정보를 얻을 수 있다. 메이시 팀은 관찰을 통해 메이시가 도움을 받으면 문턱을 넘을 수 있으며 메이시 스스로 자주 시도하고 있음을 알게 되었다. 팀은 메이시의 행동을 좀 더 알아보기로 하였고 가족과의 대화를 통해 메이시가 식사 시간을 무척 좋아하므로 식탁으로 오려면 문턱을 넘을 가능성이 가장 높다는 것을 알게 되었다. 〈표 2〉에 제시된 질문들은 아동의 현재 행동에 대하여 가족과 대화할 때 팀이 유용하게 사용할 수 있는 예들이다. 질문에서 얻어진 정보는 전문가가 가족 경험에 근거한 전략을 상황에 비추어 설명할 때 유용할 뿐 아니라 진보측정 시에도 도움이 된다. 중재가 실제로 효과적인지 여부를 확인하기 위해서는 중재를 실시하기 전에 먼저 아동의 능력이나 행동에 대한 이해가 반드시 이루어져야 한다.

〈표 2〉 현재 행동의 기능 분석을 촉진하는 질문들

질문의 범주	걷기 관련 질문의 예
현재 아동이 어떻게 하는가?	대부분의 시간에 아동은 어떻게 돌아다니는가?
	아동은 가구를 잡으면 넘어지지 않고 걸을 수 있는가?
도움을 받으면, 아동이 무엇을 할 수 있는가?	아동이 걷고 싶을 때 도움을 요청하는가?
	아동이 걸을 때 도움을 어느 정도 필요로 하는가?
	어떤 도움을 필요로 하는가?
행동이 언제 일어나는가?	언제 걷는 것을 좋아하는가?
	어떤 상황에서 걷는 것을 가장 좋아하는가?
아동의 흥미가 무엇인가?	걷기를 포함해 어떤 것을 아동이 선호하는가?
	어떤 것이 아동을 행복하게 하거나 흥분시키는가?

3단계: 자연적 학습 기회 파악

아동의 발달을 촉진하기 위해서는 가족이 정상적인 삶을 희생해야 한다고 말하는 전문가가 있다. 전문가가 가족에게 전통적 기술지향적인 중재를 제안하면, 양육자는 "내가 아이에게 관심이 있다면, 이것은 반드시 해야 한다."는 의미로 해석할 수 있다. 게다가 가족이 일상적인 일과와 분리된 중재를 제공하기 위해 가족의 정상적인 삶을 포기하게 되거나 가족이 전문가의 제안을 따르지 못할 경우 죄책감을 느낄 수 있다. 종단연구(longitudinal study)를 실시한 Bernheimer와 Keogh(1995)는 전문가의 좋은 충고와 가족의 실제 간의 불일치는 전문가의 중재계획과 가족의 일상적인 일과가 서로 맞지 않기 때문이라고 제언하였다.

일과(routines)는 규칙적 · 반복적으로 일어나는 활동이다(Bricker & Cripe, 1992; Prizant & Bailey, 1992). 중재가 삽입될 수 있는 일과를 가족이 선택한다면 일과는 "……아동과 가족의 관심사 및 개별적 일정에 맞는 기능적이고 예측되는 활동" (Cripe & Venn, 1997, p. 20)이 된다. 이러한 일과는 하루 동안 간단하게 아동을 가르칠 수 있는 순간들을 많이 제공한다(Cripe & Venn, 1997; Rule, Losardo, Dinnebeil, Kaiser, & Rowland, 1998). 서비스 제공자는 가족의 자연

스러운 일과 속에 쉽게 통합될 수 있는 전략을 제안하고 전략사용이 가능한 가족의 일과나 활동의 예를 제시해야 한다. 예컨대, 목욕시간에 양육자는 비누거품을 만지면서 "거품"이란 단어를 말한다. 서비스 제공자가 가족에게 목욕할 때마다 이렇게 하면 아동이 단어와 실제 거품을 연결 지을 수 있다고 설명한다.

개별화가족서비스계획을 개발하기 이전에 서비스 제공자는 일과 중심(routine-based)(McWilliam, 1992) 또는 이와 유사한 평가의 예를 들면 "생태학적 적합성 평가(Ecological Congruence Assessment)" (Wolery, Brashers, & Neitzel, 2002)를 완료해야 한다. 전문가와 가족이 함께 중재전략을 계획할 때 가족의 일상적인 일과와 활동을 검토하여 목표가 어떤 일과나 활동에 적합한지를 고려해야 한다. 한 가지 더 고려할 사항은 아동의 현재 행동분석에서 나타나는 아동의 흥미와 동기유발 요인인데, 이는 우연적 중재가 일어날 수 있는 기회를 찾는 것이다. 예컨대, 중재자는 이 과정을 통해 메이시가 식사 시간에 방과 방 사이를 이동할 가능성이 가장 높다는 사실을 알았다. 일과 속에 중재를 포함시키는 방법이 적절하지 않은 상황도 있을 수 있으므로 일과 중심의 인터뷰를 통해 이를 파악한다. 이를테면, 어머니가 "저녁 시간은 남편과 내가 대화할 수 있는 유일한 시간이에요. 그 시간에 아이에게 물건 명명하는 것을 가르치고 싶지는 않아요."라고 인터뷰에서 밝힐 수 있다.

4단계: 학습을 촉진하는 전략 선정

학습을 촉진하는 전략을 선정함에 있어서 서비스 제공자는 ① 가족이 이미 사용하고 있는 방법으로서 발달을 향상시키는 기법을 확인하고, ② 아동의 학습을 극대화하기 위하여 가족이 경험에 근거한 전략을 선택하도록 도와야 한다.

가족이 사용하고 있는 기법 확인 대부분의 부모들은 최적의 영아발달에 일치하는 양육기법을 어느 정도는 자연스럽게 사용하고 있다. 예를 들면, 모성어(motherese)를 사용하는 것과 영아의 행동을 해석하고 즉각적으로 반응하는 것 등이 해당된다. 서비스 제공자는 새로운 중재전략을 논하기 이전에 양육자가 이미 사용하고 있는 긍정적인 기법을 반드시 찾아보아야 한다. 가족에게 일과의 목록(Dunst, Herter, Shields, & Bennis, 2001 참조)을 예로 제공하면서 자연적 학습 기회에 관한 대화를 시작할 수 있다. 메이시의 경우, 메이시가 문턱을 넘으려고 시도할 때 가족이 칭찬하는 것을 팀은 발견하였다. 그래서 가족의 칭찬이 얼마나 효과적인 전략인지와 칭찬을 중재계획에 이용하는 방법에 대해 이야기를 나누었다.

가족은 추가적으로 가족만의 특정한 환경이나 기회를 확인할 수 있다(Tisot & Thurman, 2002). 가족이 매일 아동과 함께 하는 것(예: 애완동물 돌보기, 책 읽기, 장보기)이 발달을 돕는 훌륭한 기회가 될 수 있다. 이웃, 친척, 가족의 친구 등 많은 사람들이 아동의 목표를 다룰 수 있는 기회를 가지므로 가능한 이들을 중재계획에 포함시킨다. 형제는 자주 아동의 중요한 놀이 상대가 되며 향후 몇 년간은 형제가 중재를 자연스럽게 제공할 수도 있다(Schwartz & Rodriguez, 2001).

학습을 극대화하기 위해 경험에 근거한 전략 선택 장기목표를 촉진하는 환경이 결정되면 그다음에는 발달을 증진시키는 전략에 대해 논의한다. 특수아동협회 유아교육분과의 추천 실제에 따르면, "전략은 체계적인 절차로서 장애를 가진 유아와 상호작용하고 유아의 학습을 촉진하는 어른의 행동을 안내한다."(Wolery, 2000, p. 32) 서비스 제공자가 가족과 함께 전략을 선택하려면 중재방법에 관한 지식과 효과적인 실제에 관한 최근 연구 관련 지식을 갖추어야 한다.

바라는 장기목표에 도달하기 위한 전략에 대해 가족과 이야기할 때 서비스 제공자는 반드시 비전문적인 용어를 사용한다. 예컨대, 학습 상황에서 '명명하기(labeling)'는 가족에게 익숙하지 않은 용어일 수 있다. 따라서 아동에게 말을 가르치는 좋은 전략은 '아동이 경험하는 것에 대해 말해 주는 것'이라고 가족에게 설명한다. 메이시의 예를 들면, 팀은 메이시에게 필요한 환경수정(environmental modifications)에 대해 이야기하기 시작했다. 메이시의 계획에는 문 주위를 깔끔하게 유지하는 정도의 경미한 수정만 필요한 것으로 되어 있었으며, 메이시를 위한 중재전략은 '최소한의 촉구 체계(system of least prompts)'였다. 그러나 전략을 설명할 때는 이러한 용어를 사용하지 않고 이해하기 쉬운 용어로 풀어서 설명하였다. 일련의 '~하면 ~한다.'와 같은 진술로써 가족에게 전략을 설명하였다. 이를테면, 메이시가 넘어지려 하면 가족이 재빨리 신체적 도움을 주어 문턱 넘는 것을 돕는다. 이 외에도 메이시가 평소 장애물을 넘거나 고르지 않은 바닥에서 걸을 수 있게끔 일반화시키는 방법에 대해서도 가족과 이야기를 나누었다.

5단계: 충실도 보증

경험에 기반한 중재의 충실도 또는 절차상의 일관성을 보증하는 것이 서비스 제공자에게는 쉽지 않은 과제다. 가족이 특정 전략을 어떻게 사용하는지를 이해한다고 여기지만 실제로는 계획과 다르게 사용할 수 있다. 구체적인 예를 제시하고 전략을 모델링함으로써 양육자가 그 전략을 좀 더 편안하게 사용할 가능성을 높일 수 있고 (McWilliam, 2000) 중재 충실도 또한 높아질 가능성이 많다. 그리고 가족이 자연스러운 일과에서 전략을 사용하는 것을 관찰하여 양육자가 효과적으로 전략을 사용하고 있음을 확인시켜 줄 수 있다.

예컨대, 아동의 중재목표가 용변을 보는 동안 자신의 바지를 내리는 것이고 목표를 달성하기 위하여 "기다려, 물어봐, 말해, 보여 줘, 해(Wait, Ask, Say, Show, and Do: WASSD)" 전략이 선정되었다면, 서비스 제공자는 ① 이 전략을 사용하여 어떻게 목표에 도달할 수 있는지 구체적인 예를 제공하고, ② 전략을 사용하는 방법을 모델링으로 제시하고, ③ 가족이 전략을 사용하는 것을 관찰한다.

서비스 제공자가 양육자를 관찰함으로써 중재전략의 충실도를 추가적으로 보증할 수 있다. 양육자가 전략을 능숙하게 사용하게 되면 서비스 제공자는 다양한 제안을 한다. 여전히 경험적으로 증명된 전략이면서 동시에 가족이 좀 더 편하게 사용할 수 있도록 전략을 수정하는 방법에 관해 서비스 제공자와 양육자가 상의한다. 다시 말해 전략이 일단 선택되면, 양육자가 전략을 사용하여 중재할 수 있는 능력을 양육자에게 심어 주는 것이 서비스 제공자의 역할이다.

양육자가 전략을 사용하는 모습을 항상 관찰할 필요는 없다. 오히려 대화가 어떤 상황에서는 더 효과적이며 가족이 더 편하게 여길 수 있다. 충실도 보증을 위해 가장 효과적인 방법이 관찰일지라도 양육자에게 관찰을 강요해서는 안 된다. 가족이 전략사용을 시범 보일 때 어느 정도 편안해 하는지에 대해서도 서비스 제공자는 민감하게 살펴야 한다. 양육자가 전략시범 보이기를 원하지 않을 때 이를 존중함으로써 형성될 수 있는 라포가 관찰보다 훨씬 중요하다.

6단계: 자료수집 체계 개발

양육자에게 특정 중재전략을 가르치는 것만으로 중재충실도를 보증하기에 충분하지 않다. 서비스 제공자는 지속적으로 자료를 수집해야 할 책임을 지는데, 서비스 제공자가 없는 상황에서 대부분의 중재가 일어나기 때문에 자료수집에 어려움이 따른다. 그렇지만 아동 진보에 미치는 중재의 효과를 확인하고 필요 시 중재계획을 수정하기 위해서는 자료에 근거한 평가가 반드시 필요하다(Wolery, 2000). 중재효과에 관한 정밀한 평가 정보 없이는 귀중한 시간을 낭비하는 결과가 초래될 수 있으며 가족의 요구가 결코 충족되지 않을 것이다(Gargiulo & Kilgo, 2000).

자료수집이 쉬운 과정은 아닐지라도, 힘든 과정이 되지 않도록 가족에게 적합한 방식으로 자료를 모으고 기록을 보관할 수 있는 방법을 모색할 수 있다. 서비스 제공자는 가족에게 아동의 진보를 측정하는 다양한 선택권(예: 간단한 빈도 기록하기, 메모하기, 기억하고 공유하기)을 줄 수 있다. 예를 들어서, 관찰 체크리스트는 비교적 짧은 시간 동안 다량의 정보를 얻을 수 있다. 일과 혹은 활동이 일어나는 장소(예: 목욕탕 거울, 냉장고)에 연필을 비치해 두면 관찰 체크리스트는 가족이 이해하기 쉽고 사용도 용이한 시스템이 된다(Noonan & McCormick, 1993). 체크리스트는 주요 단어와 날짜만 있는 메모처럼 간단하게 만들 수도 있다. 메이시의 경우, 중재자는 체크리스트를 부엌에 두었는데, 부엌은 가족이 가장 많은 시간을 보내는 곳이며 모든 문을 한눈에 볼 수 있는 위치이기 때문이다. 메이시가 이 방에서 저 방으로 가는 것을 목격하는 사람은 누구든 메이시가 문턱을 넘어가기 위해 필요로 하는 도움의 정도에 따라 관찰용지에 적합한 알파벳으로 간단히 표시한다. 다음 방문 시 중재자는 지난 방문 이후 메이시의 진보에 대해 가족과 이야기 나누고 수집된 자료로 그래프를 그린다. 자료를 그래프로 만들면 아동의 진보를 시각적으로 분석할 수 있으므로 효과적인 방법이 된다.

형식적인 문서로 된 자료수집 체계가 항상 필요하지는 않으며 적절하지 않은 경우도 있다. 형식적인 자료수집을 원하지 않는 가족도 있으므로 서비스 제공자는 이러한 자료수집이 가족에게 부담이 될 수 있는지를 파악할 필요가 있다. 많은 경우, 가족과의 매주 대화는 자료수집에 매우 용이하다. 메이시의 경우, 이 방에서 저 방으로 다닐 때마다 중재가 실행되지만 기록은 식사 시간에만 이루어진다. 이러한 방법으로 가족은 하루 종일 자료를 수집하지 않고도 메이시의 진보를 확인할 수 있다. 가족이 어떤 방법의 자료수집을 원하는지 알려면 가족에게 구체적인 질문을 해야 한다. 이렇듯 중재자와 가족이 선택할 수 있는 자료수집 방법은 여러 가지가 있다. 가장 적절한 자료수집 방법을 선택하는 것이 중재계획 과정에 있어서 매우 중요한 부분이다. 또한 수집된 자료는 아동의 진보, 후속적인 평가, 중재계획의 수정 등에 대해 가족과 대화할 때 유용하게 사용되어야 한다.

7단계: 계획 평가

목표에 대한 아동의 진보를 측정할 때 양육자로부터 얻는 정보는 매우 중요하다. 가장 먼저 아동의 진보에 대해 부모가 관찰한 내용을 듣는 것이 필요하다. Bailey(2003)는 "수용적인 태도를 유지하는 것이 중요하다. 비판적인 의견, 지나치게 많은 제안 제공, 훈계 등은 의사소통을 단축시키는 확실한 방법이다."(p. 185)라고 하였다. 양육자의 독립성과 지원 제공 간에 균형을 유지하려면 서비스 제공자가 양육자와의 상호작용에서 민감하고 융통성 있는 자세를 지녀야 한다.

양육자와 함께 자료를 검토하여 기존의 중재계획을 수정할지 여부를 결정해야 한다. 어떤 경우, 더딘 진보는 중재계획의 수정이 불가피함을 증명한다. 양육자의 관심과 우선순위가 시간에 따라 변할 수 있으므로 중재계획을 변경하는 것은 필연적이다. 예컨대, 양육자가 서비스 제공자와 상호작용할 때 처음에는 불안감을 느낄 수 있다. 그러나 조기중재 서비스 경험이 쌓이고 서비스 제공자와 자주 상호작용함에 따라 양육자는 자신의 의견과 자신이 가진 기술에 대해 좀 더 자신감을 갖게 되고 중재목표 선택에 있어서 영향력을 더 많이 행사하기를 원할 수 있다(Bailey, 2003).

수정 또는 변경이 필요한 경우, 협력적 과정이 다시 시작되는데, 이전 목표가 아직도 가족에게 중요한지와 가족 및 아동 일과에 변화가 있는지에 대한 논의부터 시작된다. 협력적 과정에서 서비스 제공자의 역할은 가족이 중재계획에 관하여 정확한 정보에 근거한 결정을 할 수 있게 도우면서 지원을 제공하는 것이다. 다운증후군을 가진 영아의 어머니는 조기중재 서비스가 가족에게 미친 영향에 대해 회고하면서 "우리가 무엇을 할 수 있는지, 언제 그리고 어디서 가장 잘할 수 있는지를 전문가들이 우리 생활 속에서 찾았고 우리 스

스로가 할 수 있는 방법들을 직접 보여 주었기 때문에 아이의 기술을 촉진하는 것이 자연스럽게 생활의 일부가 되었어요."(Mullis, 2002, p. 24). 이 어머니의 경험은 조기중재 서비스를 제공하는 모든 서비스 제공자의 목표가 되어야 하지 않을까?

결 론

추천 실제를 이행하는 것이 필수적이지만 현실적으로는 충분하지 않은 실정이다. 조기중재의 목적은 아동과 가족에게 미치는 발달지체 혹은 장애의 영향을 최소화하는 데 있다. 전문가는 이 목적을 달성하는 데 있어서 전문가가 사용하는 실제와 가족이 사용하도록 전

문가가 가르치는 실제가 효과적일 수 있게 책임을 져야 한다. 전문가가 개별화가족서비스계획 목표를 다듬고, 양육자와 함께 효과적이며 효율적인 절차를 개발하며, 자연적 학습 기회를 최대화하도록 가족의 기능을 강화하고, 효능과 책무성을 증명하는 이 모든 과정에 중재계획이 도움이 될 수 있다.

- ■ 부모/양육자
- □ 계획자
- ▒ 양쪽 모두

메이시의 중재계획

단기목표: 메이시는 가정에서 도움 없이 또는 넘어지지 않고 일주일 동안 매번 시도할 때마다 문턱을 넘을 것이다. 그래서 방 사이를 독립적으로 안전하게 돌아다닐 것이다.

중재계획자: 사메라 실행자(들): 크리스, 리앤

생활연령: 24개월
발달연령:
운동: 12~13개월
인지: 18~20개월
의사소통: 22~24개월

가족

메이시가 다치지 않고 가족이 여러 가지 일들을 더 많이 할 수 있도록 메이시가 독립적으로 걸을 수 있기를 바란다.

장기목표

메이시는 넘어지지 않고 도움 없이 걸을 것이다.

기초선 분석

날짜: 1997/10/2
한 것: 메이시는 집에서 문턱을 넘으려 시도하다가 넘어졌다.
못한 것: 도움 없이 혹은 넘어지지 않고 문턱 넘기

자연적 학습 기회

일과: 식사, 바깥 놀이, 목욕, 취침 시간
우연적인 기회: 다른 방으로 이동해야 할 때

학습을 촉진하는 전략

환경수정:
문 근처에 보행을 방해하는 장난감이나 물건을 두지 않는다.

우연적 교수:
메이시가 도움 없이 넘어지지 않고 문턱을 넘고, 다른 방으로 재빨리 가고, 자신의 능력에 자신감을 보이면, 박수를 치고 칭찬한다.

메이시가 문턱에 다가가는 데 넘어갈 준비가 되지 않은 것처럼 보이면, "넘어와, 넘어와, 메이시."라고 말하며 메이시가 문턱을 넘으면 칭찬한다.

메이시가 문턱을 넘다가 넘어지려 하면, 얼른 붙잡아서 넘는 것을 도와주고 넘으려고 시도한 것을 칭찬한다.

일반화 절차:
메이시가 가정에서 이 방 저 방을 옮겨 다닐 때마다 중재전략을 항상 사용한다.

진보 기록

날짜	식사 시간에 제공한 도움의 정도			도움을 안 준 횟수
	아침	점심	저녁	
10/8	P	P	V	0
10/13	P	V	P	0
10/20	V	P	V	0
10/22	V	I	V	1
10/29	P	I	V	1
11/3	I	V	I	2
11/5	I	I	V	2
11/10	V	I	V	1
11/17	I	V	I	2
11/19	I	I	I	3
12/3	I	I	I	3
12/4	I	I	I	3
12/5	I	I	I	3
12/6	I	I	I	3
12/7	I	I	I	3
12/8	I	I	I	3
12/9	I	I	I	3 준거도달

I = 독립적임(Independently)
V = 메이시가 문에 접근할 때 구두로 알림(Verbal reminder)
P = 메이시가 넘어지는 것을 막고 문턱을 넘을 때 신체적 도움을 제공 (Physical assistance)

양육자의 검토

날짜	의견
10/29	메이시가 더 잘하고 있으나 아직도 말로 알려 주고 도움을 제공해야 함
11/9	도움은 거의 필요로 하지 않고 단지 말로 알려 주기만 하면 됨
12/6	말로도 알려 줄 필요가 없음. 2주간 한 번도 넘어지지 않았음

중재충실도

사메라가 크리스와 리앤에게 중재시범을 보였다.

크리스가 사메라에게 중재시범을 보였다.

리앤이 사메라에게 중재시범을 보였다.

발달 상황

선행조건: 메이시가 다른 방으로 가기를 원한다; 메이시가 집중할 수 있고 기분이 나쁘지 않다.

순서:

1. 도움 없이 걷는다.
2. 도움을 받으며 문턱을 넘는다.
3. 문간을 잡고 스스로 문턱을 넘는다.
4. 문간을 잡지 않고 스스로 문턱을 넘는다.

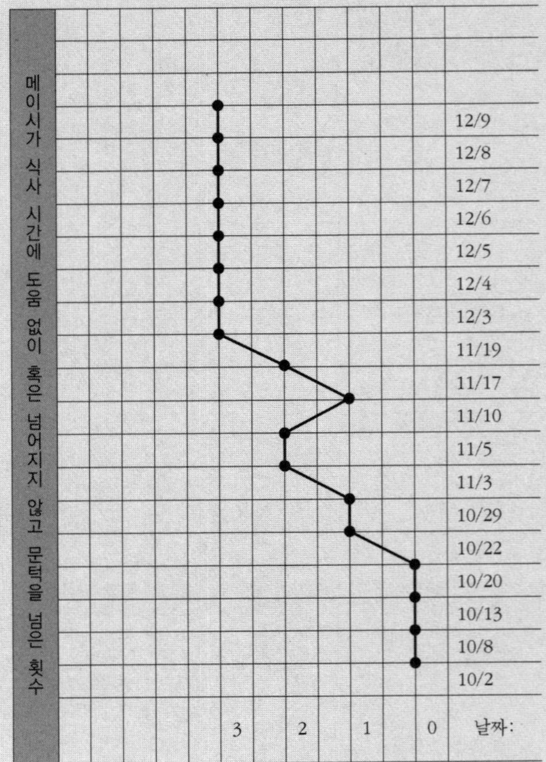

주

교신 저자: Lee Ann Jung(ljung@uky.edu)

참고문헌

Bailey, D. B. (2003). Assessing family resources, priorities, and concerns. In M. McLean, M. Wolery, & D. Bailey (Eds.), *Assessing infants and preschoolers with special needs.* (3rd ed.). (pp. 172-203). New York: Merrill.

Bailey, D. B., & Wolery, M. (1992). *Teaching infants and preschoolers with disabilities* (2nd ed.). New York: Merrill.

Bernheimer, L. P., & Keogh, B. K. (1995). Weaving interventions into the fabric of everyday life: An approach to family assessment. *Topics in Early Childhood Special Education, 15*, 415-433.

Blasco, P. M. (2001). Curriculum and teaching strategies in early intervention. In P. M. Blasco (Ed.), *Early intervention services for infants, toddlers, and their families* (pp. 191-212). Boston: Allyn & Bacon.

Bricker, D., & Cripe, J. (1992). *An activity-based approach to early intervention.* Baltimore: Paul H. Brookes.

Bricker, D., Pretti-Frontczak, K., & McComas, N. (1998). *An activity-based approach to early intervention* (2nd ed.). Baltimore: Paul H. Brookes.

Cripe, J. W., & Venn, M. L. (1997). Family-guided routines for early intervention services. *Young Exceptional Children, 1*(1), 18-26.

Dunst, C. J., Bruder, M. B., Trivette, C. M., Raab, M., & McLean, M. (2001). Natural learning opportunities for infants, toddlers, and preschoolers. *Young Exceptional Children, 4*(3), 18–25.

Dunst, C. J., Herter, S., Shields, H., & Bennis, L. (2001). Mapping community-based natural learning opportunities. *Young Exceptional Children, 4*(4), 16–25.

Gargiulo, R. M., & Kilgo, J. (2000). *Young children with special needs.* New York: Delmar.

Harbin, G., McWilliam, R., Shaw, D., Buka, S., Sideris, J., Kockaek, T., Gallagher, J., Tocci, L., West, T., & Clark, K. (1998). *Implementing federal policy for young children with disabilities: How are we doing?* Chapel Hill, NC: University of North Carolina, Frank Porter Graham Child Development Center, Early Childhood Research Institute on Service Utilization.

Jung, L. A., & Baird, S. M. (2003). Effects of service coordinator variables on individualized family service plans. *Journal of Early Intervention, 25*, 45–57.

McBride, S. L., & Peterson, C. (1997). Home-based early intervention with families of children with disabilities: Who is doing what? *Topics in Early Childhood Special Education, 17*, 209–233.

McGee, G. G., Morrier, M. J., & Daly, T. (1999). An incidental teaching approach to early intervention for toddlers with autism. *The Association for Persons With Severe Disabilities, 24*, 133–146.

McWilliam, R. A. (1992). *Family-centered intervention planning: A routines-based approach.* Tuscon, AZ: Communication Skill Builders.

McWilliam, R. A. (2000). It's only natural ... to have early intervention in the environments where it's needed. In S. Sandall & M. Ostrosky (Eds.), *YEC monograph series no. 2: Natural environments and inclusion* (pp. 17-26). Longmont, CO: Sopris West.

Mullis, L. (2002). Natural environments: A letter from a mother to friends, families, and professionals. *Young Exceptional Children, 5*(3), 21-26.

Noonan, M. J., & McCormick, L. (1993). *Early intervention in natural environments: Methods and procedures*. Pacific Grove, CA: Brooks/Cole.

Prizant, B., & Bailey, D. (1992). Facilitating the acquisition and use of communication skills. In D. B. Bailey & M. Wolery (Eds.), *Teaching infants and preschoolers with disabilities* (2nd ed.) (pp. 299-362). New York: Merrill.

Rule, S., Losardo, A., Dinnebeil, L., Kaiser, A., & Rowland, C. (1998). Translating research on naturalistic instruction into practice. *Journal of Early Intervention, 21*, 283-293.

Schwartz, I. S., & Rodriguez, P. B. (2001). A few issues to consider: The who, what, and where of family support. *Journal of Early Intervention, 2*, 19-21.

Tisot, C. M., & Thurman, S. K. (2002). Using behavior setting theory to define natural settings: A family - centered approach. *Infants and Young Children, 14*(3), 65-71.

Washington, K., Schwartz, I. S., & Swinth, Y (1994). Physical and occupational therapists in naturalistic early childhood settings: Challenges and strategies for training. *Topics in Early Childhood Special Education, 14*, 333-349.

Wolery, M. (2000). Recommended practices in child-focused interventions. In S. Sandall, M. E. McLean, & B. J. Smith (Eds.), *DEC recommended practices in early intervention/early childhood special education*. (pp. 29-38). Longmont, CO: Sopris West.

Wolery, M., Brashers, M.S., & Neitzel, J. C. (2002). Ecological congruence assessment for classroom activities and routines:

Identifying goals and intervention practices in child care. *Topics in Early Childhood Special Education, 14*, 131–142.

유치원 입학

3세 전이 시기에 가족 참여 지원

D. Sara Hadden, Ph.D., University of Wisconsin-Eau Claire

이제 막 유치원에 입학한 3세 여아 시네드를 만나 보자. 시네드는 생후 1년까지 아버지와 함께 집에서 지냈는데, 어머니가 직장에 나가는 동안 아버지가 시네드를 돌봤다. 시네드가 한 살이 되자 아버지는 직장에 복귀하였고 시네드는 이웃의 가정보육시설에 맡겨졌는데, 그곳에서 또래 2명과 함께 지냈다. 시네드가 3세가 되자 집단 경험이 좀 더 필요하다고 생각한 가족은 일주일에 세 번 시네드를 유치원 오전반에 보내기로 결정하였다. 가족은 시네드의 가정보육시설에서 멀지 않은 유치원 프로그램을 선택하였다. 시네드 부모의 친구들 역시 자녀를 같은 프로그램에 보냈으므로 시네드에게 좋은 환경이 되리라 생각되었다. 어머니가 아침에 시네드를 유치원에 데려다 주면 보육제공자는 점심시간 직전에 시네드를 데리고 왔다. 처음에 시네드와 가족은 유치원에 다니는 것에 대해 불안감을 가지고 있었다. 그래서 어머니는 첫째 날 아침에 시네드와 함께 프로그램 시간 동안을 유치원에서 머물렀다. 두 번째 날에는 어머니가 30분간만 머물렀다. 세 번째 날이 되자 시네드는 어머니에게 혼자 있을 수 있다고 말했다. 어머니는 시네드가 다 컸다며 혼자 유치원에 다닐 수 있다고 기뻐하였다. 시네드의 유치원 전이는 순조롭고 편안하게 이루어졌다. 시네드가 유치원에 다니는 것과 관련하여 염려사항이 없는지 물었을 때 어머니는 웃으며 "전혀 없어요. 시네드는 아주 독립적이고 친구들과도 잘 지내고 있어요. 앞으로도 잘할 거예요."라고 대답하였다.

이제 루크를 만나 보자. 루크는 시네드와 마찬가지로 3세이며 유치원을 이제 막 다니기 시작하였다. 루크는 흔치 않은 유전적 문제를 가지고 있으며 이로 인해 중복장애를 보인다. 루크는 아직 걷지 못할 뿐만 아니라 얼굴표정과 몸짓으로 의사소통을 하며 그 밖에 여러 가지 의료적 문제를 가지고 있다. 루크는 등과 다리에 교정기를 하고 있고 관을 통해 음식을 섭취한다. 시네드와 달리, 루크의 가족은 전이와 관련하여 많은 걱정거리를 안고 있다. 루크는 생후 5개월에 진단을 받은 이후 지금까지 조기중재를 받았다. 언어치료사, 작업치료사, 물리치료사, 조기중재 교사를 포함한 전문가팀이 매주 루크의 가정을 방문하여 중재를 하고 부모에게는 루크의 발달을 촉진하는 아이디어들을 제공하였다. 부모는 조기중재 서비스에 대해 매우 만족하고 있기 때문에 왜 새로운 프로그램으로 옮겨 가야만 하는지 문제제기를 하였다. 가족에게는 유치원 입학이 상당히 큰 변화이며 새로운 환경에 루크가 잘 적응할 수 있도록 가족이 무엇을 해야 할지를 염려하였다.

전이는 삶의 자연스러운 부분이며 우리 문화에서 아동은 일반적으로 3~4세에 유치원에 입학하고 유치원을 졸업하면 초등학교에 진학한다. 그러나 유아가 특별한 요구를 지녔을 때는 더 많은 전이가 필요할 수 있다(Hanson et al., 2000). 어떤 유아는 신생아집중치료실(Neonatal Intensive Care Unit: NICU)에서 가정으로, 가정에서 조기중재 서비스로, 그리고 조기중재에서 유치원으로 전이할 것이다.

전이와 관련된 어려움

특별한 요구를 지닌 유아에게는 어떠한 변화라도 문제가 될 수 있지만, 특히 0~3세 프로그램에서 유치원으로의 전이는 더욱 어려운 문제가 될 수 있다(Hanson et al., 2000; Rosenkoetter, Hains, & Fowler, 1994). 이 시기의 전이가 특별히 더 어려운 이유는 여러 가지가 있다. 출생에서 3세까지의 조기중재 프로그램은 장애인교육법(IDEA) Part C의 적용 대상인 반면에 유치원 특수교육 서비스는 장애인교육법 Part B의 적용을 받는다. 법에 따르면, 장애를 가진 유아는 만 3세에 이르면 반드시 Part C 프로그램을 떠나야 하며, 특수교육 서비스가 계속 필요한 경우 Part B 프로그램으로 들어가야 한다. 이와 같은 이동은 강제적인 것으로, 가족이 서비스 제공자를 바꾸고 싶어 하지 않더라도 이행되는 것이다(Hanson et al., 2000; Sweeden, 2001). 자녀가 3세가 되었을 때 일어나는 서비스 변화에 대해 가족이 염려하는 것은 전혀 특이한 일이 아니다(Hanline, 1988; Rosenkoetter et al., 1994). 아동이 유치원 통합 환경으로 옮겨 갈 경우 아동에게 더 많은 것이 요구될 수 있기에 가족의 걱정은 더 커질 수 있다(Ostrosky, Donegan, & Fowler, 1997).

아동이 0~3세 조기중재 프로그램에서 유치원으로 옮겨갈 때 많은 변화가 일어난다(Hadden & Fowler, 2001; Hains, Rosenkoetter, & Fowler, 1991; Rosenkoetter et al., 1994). 가장 두드러진 변화 중 하나는 장소와 서비스 제공 모델에 관한 것이다. 조기중재 프로그램은 주로 가정이나 보육환경에서 서비스가 제공된다. 아동의 발달과 관련하여 가족이 가진 우선순위, 자원, 관심사 등을 확인하는 개별화가족 서비스계획이 서비스의 길잡이가 되고 가족이 프로그램의 핵심 요소가 된다. 이에 비해 유치원 특수교육 서비스 혹은 Part B 프로그램은 공립학교, 헤드스타트 프로그램, 지역사회 유치원 등 어느 곳이든 간에 일반적으로 학교환경에서 제공된다. 대부분의 주에서는 개별화가족 서비스계획이 중단되고 교육과 관련된 목적 및 목표에 초점을 두는 개별화교육 프로그램이 개발된다. 부모가 개별화교육 프로그램팀의 구성원이기는 하지만 서비스 전달에 있어서 부모 역할은 훨씬 약화된다. 가족은 또 다른 변화도 경험하게 되는데, 예를 들면, 자격기준(eligibility criteria)이 달라지는 것, 가족 참여를 덜 강조하는 것, 그리고 많은 경우 한 전문가에게 책임을 지정함으로써 서비스 조정이 잘 되지 않는 것 등을 들 수 있다(Rosenkoetter et al., 1994).

루크의 조기중재 프로그램 종료 시점이 되었을 때 부모는 다가올 여러 가지 변화에 대해 염려하였다. 무엇보다 루크가 학교환경에 적응하기에는 아직 어리다는 생각이 들었으며, 루크가 아직 말을 할 수 없기 때문에 새 환경에서 어떻게 적응하는지를 알 수 없어서 부모는 더욱 불안해하였다. 루크가 원하는 바를 몸짓이나 표정으로 표현할 때 새로운 선생님들이 잘 이해할 수 있을지에 대해서도 걱정스러웠다. 전반적으로 발달이 뒤처지는 루크가 치료사들의 치료를 받는 것을 부모가 더 이상 관찰하지 못할 때 루크의 목표를 가정에서 어떻게 촉진할 수 있는지도 우려되는 부분이었다. 새로운 프로그램이 루크의 발달적 요구를 충분히 충족시킬지 여부에 대해서도 부모는 궁금하게 여겼다. 다행히도 0~3세 서비스 제공자는 유치원의 스태프들과 협력하여 루크 가족이 서비스의 변화에 준비할 수 있도록 하였다.

이제 다음에서는 특별한 요구를 지닌 유아의 전이를 촉진하기 위해 전문가와 가족이 협력하는 방안에 대해 살펴보도록 하겠다.

효과적인 전이계획

연방법규에 의하면, 아동이 3세가 되어 조기중재 프로그램을 떠날 때 전이계획이 분명히 요구된다. 장애인교육법에 따르면, 아동이 3세가 되었을 때 다음과 같은 단계를 반드시 따르게 되어 있다. ① 개별화가족 서비스계획에 전이계획이 포함되도록 개별화가족 서비스계획을 수정한다, ② 부모는 전이과정 및 미래 배치 선택권에 대한 정보를 받는다, ③ 서비스 전달의 변화에 대비하여 아동을 준비시킨다, ④ 부모의 동의하에 조기중재기관은 아동 관련 정보를 지역 교육기관과 공유한다(Individuals with Disabilities Education Amendment, 1997).

장애인교육법에서는 전이기(transition period)에 가족이 적극적으로 참여할 것을 장려하고 있으며 실제로 가족 참여는 성공적인 전이 계획의 핵심 요소가 된다(Bruder & Chandler, 1996; Rosenkoetter et al., 1994; Rous, Hemmeter, & Schuster, 1994). 이 시기에 가족이 수행할 수 있는 역할은 다양하며 가족은 원하는 만큼 아동의 전이에 참여할 수 있도록 기회가 반드시 제공되어야 한다. 무엇보다 먼저, 서비스 제공자는 가족이 전이과정에 대해 잘 알 수 있도록 도움을 제공해야 한다. 전이에 관한 정보를 제공하는 것이 중요한데, 전이 과정에 대해 충분한 정보를 가진 가족이 그렇지 않은 가족보다 스트레스를 덜 경험하는 것으로 연구에서 나타났다(Hamblin-Wilson & Thurman, 1990). 또한 전이과정에 대한 교육을 받은 가족은 의사결정을 할 때 더 능동적인 역할을 할 가능성이 많다(Hanson et al., 2000). 서비스 제공자는 가족이 다양한 활동에 참여하도록 도움을 제공하는데, 이는 개별화가족 서비스계획에 전이계획을 확실히 포함시키기, 아동이 배치될 가능성이 있는 프로그램 방문하기, 아동의 교육목표와 미래 배치에 관한 의사결정 돕기 등이다. 아동의 전이를 계획할 때 가족이 참여할 수 있는 방법에 관한 정보는 〈표 1〉에 제시되었으며, 가족의 능동적인 참여를 촉진하는 전문가의 전략 또한 포함되었다.

전이계획은 두 단계 과정으로 생각하는 것이 유용하다. 첫 번째는 계획 단계(planning phase)로서 아동의 3세 생일 이전에 일어나는 다양하면서도 폭넓은 활동을 포함한다. 두 번째 단계는 추수 단계(follow-up phase)로서 아동과 가족이 새로운 환경 또는 프로그램으로 이동할 때 지원을 제공한다.

〈표 1〉 아동의 전이에 가족이 참여하는 방법

가족이 아동 전이에 참여하는 방법	전문가가 가족 참여를 촉진하는 전략
• 전이과정에 대하여 배운다.	• 활동 스케줄을 포함하여 전체 전이과정에 대한 정보를 제공한다.
• 전이계획팀에 참여한다.	• 가족이 참여할 수 있는 방법을 알려 준다.
• 개별화가족 서비스계획의 전이계획 개발을 돕는다.	• 가족이 서비스의 변화에 준비하는 데 도움되는 활동을 확인한다.
• 다음 프로그램에서도 아동이 계속적으로 서비스를 받을 수 있는지 평가하는 과정에 참여한다.	• 평가에 필요한 정보를 논의한다. • 평가 시 부모가 참여하도록 요청한다.
• 아동과 가족이 서비스의 변화에 준비할 수 있게 돕는 목표를 확인한다.	• 조기중재와 유치원 서비스의 차이점에 관한 정보를 제공한다.
• 자녀가 배치될 가능성이 있는 프로그램을 방문한다.	• 프로그램 방문을 계획하고 조정한다.
• 개별화교육계획 장단기 목표에 관한 의사결정에 참여한다.	• 개별화가족 서비스계획과 개별화교육계획의 차이를 설명한다. • 가족의 우선순위, 관심사, 아동에 대한 장기목표를 확인한다.
• 배치에 관한 의사결정에 참여한다.	• 배치에 관한 가족의 생각과 선호를 묻는다.
• 유치원 교직원과 아동 관련 정보를 공유한다.	• 유치원 시작일 전에 가족이 유치원을 방문할 수 있게 초대한다. • 아동의 선호와 능력에 대해 물어본다.

Hadden과 Fowler(2001)의 허락을 받고 게재하였음.

계획 단계

연방법률에서는 조기중재 서비스 제공자로 하여금 아동의 3세 생일, 적어도 90일 전에 계획 단계를 시작할 것을 요구한다. 그러나 아동의 3세 생일의 6개월 내지 12개월 전에 계획이 시작되어야 한다고 주장하는 연구자들도 있다(Hanline, 1988; McDonald, Kysela, Siebert, McDonald, & Chambers, 1989). 이렇게 기간을 연장하는 것은 가족과 전문가가 요구를 파악하고 미래의 배치 옵션을 탐색할 충분한 시간을 가져야 한다는 것을 의미한다. 첫 번째 계획 단계는 전

〈표 2〉 전이과정 전체에 걸쳐 이루어지는 활동의 예

아동의 3세 생일 이전에 이루어지는 활동	아동의 유치원 입학 이후에 이루어지는 활동
• 전이과정에 대해 학습하기 • 전이계획을 개별화가족 서비스계획에 포함시키기 • 0~3세 프로그램과 유치원 프로그램의 차이점 파악하기 • 배치 가능성이 있는 프로그램들 방문하기 • 유치원 자녀를 둔 부모들과 대화하기 • 새 프로그램 방문 및 교사 만나기 • 새 프로그램에서 아동이 시간 보내게 하기 • 아동과 가족을 서비스의 변화에 준비시키기	• 새 교직원들과 정보공유하기 • 아동이 새로운 스케줄과 일과에 적응하도록 돕기 • 아동이 좋아하는 활동이 유치원 활동에 포함되도록 조정하기(예: 간식, 노래, 게임 등) • 새 프로그램에 대해 긍정적이기 • 부모의 동의하에 조기중재 서비스 제공자와 유치원 교직원 간의 의사소통 계획하기 • 새 프로그램의 교직원과 빈번하고 지속적인 의사소통하기

이과정에서 가장 중요한 부분이기도 한다. 전이계획이 개발되고 프로그램을 방문하고 아동과 가족이 서비스의 변화에 준비하는 이 모든 과정은 계획 단계에서 이루어진다. 〈표 2〉의 첫째 칸은 전이과정의 계획 단계에서 이루어지는 활동의 예를 보여 준다. 계획 단계에서 이루어지는 활동과 전략을 이해할 수 있는 예로서 루크의 사례로 돌아가 보자.

루크의 가족은 전이과정 전체에 걸쳐 적극적으로 참여하였다. 루크가 조기중재 서비스를 시작할 때부터 부모는 일상적인 대화 속에서 전이에 관한 이야기를 많이 하였으므로 루크의 3세 생일 6개월 전에 공식적인 전이계획이 이미 시작되었다. 어머니는 "루크는 매우 복합적인 요구를 가지고 있어요. 그래서 모든 것이 순조롭게 이루어지려면 더 많은 시간이 필요하다는 것을 모두가 알고 있었지요. 루크가 어떤 프로그램에 가든지 간에 준비하려면 시간이 필요해요. 우리가 충분한 시간을 가진다면 루크의 새 선생님과 치료사가 루크를 만나고 관찰하여 루크에게 가장 효과적인 방법이 무엇인지를 알 수 있으리라 믿었어요."라고 말했다.

조기중재 프로그램과 교육청은 협력하여 가족이 루크의 유치원 입학을 준비할 수 있게 도왔다. 예컨대, 조기중재 프로그램은 교육청과의 회의를 소집하여 전이계획을 세웠다. 이 회의에서 교육청 담당자는 진단평가, 적격성, 교육청에서 제공되는 프로그램의 유형에 관한 정보를 가족에게 주었다. 공식적인 의뢰가 일단 이루어지면, 가족이 교육청 산하의 여러 가지 프로그램을 방문할 수 있게 조기중재 프로그램이 일정을 잡았다. 루크의 평가 시행 전에 교육청 담당자는 가족에게 연락하여 가족이 평가에 참여할 것인지를 물었으며 이에 가족은 참여하기로 결정했다. "루크는 복합적인 장애를 가지고 있기 때문에 행동을 이해하는 것이 다소 어려워요. 그래서 평가받는 동안 함께 있으면서 루크의 의사소통과 행동에 대해 다른 사람들에게 설명한 것이 모두에게 도움이 됐어요. 그리고 조기중재 프로그램에서 이미 실시했던 검사결과가 있어서 교육청에서 그 결과를 그대로 인정했어요. 루크가 같은 검사를 다시 안 받아도 되었기 때문에 이 또한 매우 다행이었어요."라고 어머니는 전하였다.

루크가 계속적으로 서비스를 받는 대상으로 결정된 후 다음 단계인 배치에 대한 논의에 가족도 참여하였다. 장애가 있는 유아를 위해 적절한 배치를 결정하기란 결코 쉬운 일이 아니다. 장애인교육법 규정에 의하면 장애를 가진 아동은 최소 제한적 환경(least restrictive environment: LRE)에서 반드시 서비스를 받아야 한다. 이는 장애를 가진 아동에게 비장애아동과 함께 교육받는 기회를 반드시 제공해야 한다는 의미다. 그런데 3~4세 비장애유아에게 교육적 서비스를 제공하는 교육청은 거의 없다(Hanline, 1993). 따라서 장애가 있는 유아를 위한 유치원 서비스를 찾는 가족의 선택권은 지역사회 내의 기존 프로그램으로 제한될 수밖에 없다(Hanson et al., 2000).

루크가 속한 교육청도 대부분의 교육청과 마찬가지로 다양한 유치원 형태를 갖추고 있지 않다. 그래서 교육청에서 운영하는 장애유아 유치원 학급에 보내는 것이 가족이 선택할 수 있는 유일한 방법이었다. 개별화교육계획 회의에서 루크를 일주일에 4번 오전에 장애유아 유치원에 보내는 것으로 결정되었다. 그리고 부모는 루크를 오후에 지역사회의 유아 프로그램에 보내기로 결정하였다. 이렇게 함으로써 루크가 필요한 서비스를 집중적으로 받으면서 비장애 또래와 상호작용할 수 있는 기회도 가질 수 있을 것으로 부모는 기대하였다. "루크가 지역사회의 유아프로그램에서 특수교육 서비스를 받을 수 있도록 교육청에 강하게 요구할 수도 있었으나 그렇게 하지 않았어요. 왜냐하면, 교육청에서 현재 운영하고 있는 유아특수교육 프로그램이 루크에게 최상의 선택이라고 믿었기 때문이지요. 유아특수교육 프로그램을 방문했을 때 그곳에서 제공되는 서비스가 훌륭하다는 인상을 받았어요. 특히 다양한 보조공학이 매우 인상적이었죠. 그 프로그램이 루크에게 가장 적절한 환경이라고 생각했어요."라고 어머니는 회상하였다.

루크의 배치가 결정되자 루크의 새 교사인 팸은 부모를 학급에 초대하였다. 그리고 부모의 방문일에 맞추어 치료사들도 함께 참석하게 하였다. 루크의 부모가 유치원을 방문한 날 루크의 새 팀과 부모는 정보를 서로 교환하였다. 루크가 유치원에 공식적으로 등원하기 이전에 모든 팀원이 루크를 관찰하기로 결정한 것도 이 회의에서 이뤄졌다. 팸은 루크가 튜브를 통해 음식을 섭취하는 것을 상세히 알고자 하였으며, 루크의 몸짓과 얼굴 표정을 이해하는 방법에 대해 관심을 보였다. 치료사들은 루크가 조기중재 프로그램에서 치료받는 모습을 관찰하고 싶어 하였다. 또한 가족이 루크의 유치원 생활을 잘 알 수 있도록 가정과 유치원 간에 의사소통 노트를 사용하는 것에 모두 동의하였다.

루크가 유치원에 공식적으로 등원하는 날이 다가왔을 때 가족은 편안함을 느꼈다. 어머니는 "완벽한 계획이었어요. 조기중재 프로그램과 교육청으로부터 받은 도움으로 우리 가족은 무엇을 어떻게 하는지 정확하게 알 수 있었고 아주 만족스러웠어요. 물론 불안감은 있었지만, 루크 누나들이 유치원을 시작했을 때 느꼈던 약간의 불안감 그 정도였지요."라고 말했다.

추수 단계

아동의 나이가 3세가 되고 유치원 서비스가 시작되었다고 하여 전이지원 계획이 종료되어서는 안 된다. 특별한 요구가 있는 아동은 비장애 또래에 비해 새로운 환경에 적응하는 데 더 많은 시간이 필요할 수 있다(Hadden & Fowler, 2001; Hanline, 1993). 아동과 가족의 적응을 용이하게 하려면 지속적인 노력이 필요하다. 전이가 정말 성공하려면, 가족과 서비스 제공자가 조기중재 프로그램이 끝나는 시점에 대한 계획도 잘 세워야 하지만 유치원 프로그램이 시작된 직후의 계획도 잘 세워야 한다. 〈표 2〉의 두 번째 칸이 바로 전이과정의 두 번째 단계, 즉 추수 단계의 활동을 보여 준다. 루크 가족의 경우 추수 단계가 어떻게 진행되었는지 살펴보자.

드디어 루크의 유치원 첫 등원일이 시작되었다. 계획대로 어머니가 루크를 유치원에 데리고 등원하였다. 교육청에서 통학버스를 제공하고 있지만 어머니는 통학버스를 이용하기보다 직접 데리고 다니는 것이 더 편하다고 했다. "게다가 아침마다 선생님을 만날 수 있거든요."라고 어머니는 이유를 밝혔다. 개인적으로 의사소통 노트를 통해서 선생님과 자주 이야기를 나누는 것이 루크의 전이에 매우 중요하다는 사실을 어머니는 깨달았다. 또한 어머니는 조기중재 서비스 제공자와도 자연스럽게 연락을 주고받으며 루크가 어떻게 적응하고 있는지 정보를 제공하였다. 유치원 교사도 조기중재 서비스 제공자와 연락을 취하면서 궁금한 점들을 물어보았다. 이렇게 함으로써 어머니 혼자 모든 질문에 대처하지 않아도 되게끔 배려하였다.

결 론

루크의 부모는 전이과정에서 매우 활동적인 역할을 담당하였다. "저와 남편이 실제로 전이과정을 이끌어 갔습니다."라고 어머니는 표현하였다. 루크의 가족처럼 전이계획 과정을 주도적으로 이끌어 갈 수 있는 가족도 있으나, 이러한 역할을 부담스러워하는 가족도 있다. 그러므로 가족이 다양한 방법으로 참여할 수 있도록 가족이 원하는 유형의 역할을 스스로 선택할 수 있게 해야 한다. 가족이 참여하는 방법에 영향을 미치는 요소는 가족의 특성, 아동의 장애 특성, 가족의 우선순위 및 관심사, 가족의 문화 및 신념 등을 들 수 있다(Lynch & Hanson, 1998). 가족의 선호를 존중하는 것이 바로 유아특수교육의 기본적인 방침이므로(Sandall, McLean, & Smith, 2000),

가족이 자녀의 전이에 어떤 역할을 선택하든 간에 이를 존중하는 것이 중요하다.

유치원 입학은 가정마다 서로 다른 의미로 해석된다. 시네드 가족과 같은 경우, 자녀의 유치원 입학은 자녀가 많이 자랐기 때문에 점점 더 독립적이 될 것이라는 의미를 가질 것이다. 그래서 자녀가 유치원에서 경험할 새로운 기회를 환영하고 기대할 것이다. 이에 비해 어떤 가족, 특히 장애가 있는 자녀를 둔 가정의 경우, 유치원 입학은 다른 관점일 수 있다. 자녀가 새로운 친구들을 만날 기회를 가진다는 사실에 기뻐하기에 앞서, 자녀가 새로 만나는 또래에게 수용될 수 있을지에 관해 염려할 수 있다(Hains et al., 1991; Hanline, 1993). 비장애아동의 가족은 아동이 음악, 미술과 같은 창의적인 활동에 참여하는 것에 대해 만족하는 반면에, 장애가 있는 아동의 부모는 창의적 활동 구조 내에서 아동의 요구가 충분히 다루어질지 여부를 걱정할 수 있다(Hanline, 1993).

연방법률에서는 의무조항으로 전이계획을 명시하고 있으므로 0~3세 조기중재와 유치원 프로그램 간의 순조로운 전이는 보장되어야만 한다. 그런데 연구에 따르면, 전이과정에서 부모가 핵심 역할을 맡고 의사결정자가 되기보다는 나이가 차서 다음 환경으로 옮겨 가는 일상적인 변화로서 전이를 경험하는 부모가 더 많다고 한다(Hanson et al., 2000). 또 다른 연구에 의하면, 유아기의 전이는 아동과 가족이 서비스의 변화에 채비할 수 있게 도움을 제공하는 과정이 아니라 단순한 서류작업으로 간주되는 경우가 많은 것으로 나타났다(Prendeville & Ross-Allen, 2002). 가족과 전이계획을 세우는 서비스 제공자는 가족의 소망을 존중하는 전이과정이 되도록 해야 하며 그래서 가족이 느끼는 스트레스와 불안감을 최소화하는 데 노력을 기울여야 한다.

주

저자들은 기꺼이 가족 이야기를 공유한 위스콘신 주 오클레어의 Deb Kavanagh에게 감사의 인사를 전한다.
교신 저자: Sarah Hadden(haddends@uwec.edu)

참고문헌

Bruder, M. B., & Chandler, L. K. (1996). Transition. In S. L. Odom & M. E. McLean (Eds.), *Early intervention/early childhood special education: Recommended practices* (pp. 287-307). Austin, TX: PRO-ED.

Hadden, D. S., & Fowler, S. A. (2001). Planning transitions to support inclusion. In K. Allen & I. Schwartz (Eds.), *The exceptional child: Inclusion in early childhood education* (pp. 316-332). Albany, NY: Delmar.

Hains, A. H., Rosenkoetter, S. E., & Fowler, S. A. (1991). Transition planning with families in early intervention programs. *Infants and Young Children, 3*(4), 38-47.

Hamblin-Wilson, C., & Thurman, S. K. (1990). The transition from early intervention to kindergarten: Parental satisfaction and involvement. *Journal of Early Intervention, 14*, 55-61.

Hanline, M. F. (1988). Making the transition to preschool: Identification of parent needs. *Journal of the Division for Early Childhood, 12*, 98-107.

Hanline, M. F. (1993). Facilitating integrated preschool service delivery transitions for children, families, and professionals. In C. A. Peck, S. L. Odom, & D. B. Bricker (Eds.), *Integrating young children with disabilities into community programs: Ecological perspectives on research and implementation* (pp. 133-146). Baltimore: Paul H. Brookes.

Hanson, M. J., Beckman, P. J., Horn, E., Marquart, J., Sandall, S. R., Greig, D., & Brennan, E. (2000). Entering preschool: Family and professional experiences in this transition process. *Journal of Early Intervention, 23*, 279-293.

Individuals with Disabilities Education Amendments of 1997, PL 105-17. *U.S. Statutes at Large, 108.*

Lynch, E. W, & Hanson, M. J. (1998). *Developing cultural competence.* Baltimore: Paul H. Brookes.

McDonald, L., Kysela, G. M., Siebert, P., McDonald, S., & Chambers, J. (1989). Parent perspectives: Transition to preschool. *Teaching Exceptional Children, 18*, 123-129.

Ostrosky, M. M., Donegan, M. M., & Fowler, S. A. (1997). Facilitating transitions across home, community, and school: Developing effective service delivery models. In A. M. Wetherby, S. F. Warren, & J. Reichle (Eds.), *Transitions in prelinguistic communication: Preintentional to intentional and presymbolic to symbolic* (pp. 437-460). Baltimore: Paul H. Brookes.

Prendeville, J., & Ross-Allen, J. (2002). The transition process in the early years: Enhancing speech - language pathologists' perspectives. *Language, Speech, and Hearing Services in Schools, 33*, 130-139.

Rosenkoetter, S. E., Hains, A. H., & Fowler, S. A. (1994). *Bridging early services for children with special needs and their families: A practical guide for transition planning*. Baltimore: Paul H. Brookes.

Rous, B., Hemmeter, M. L., & Schuster, J. (1994). Sequenced transitions to education in the public schools: A systems approach to transition planning. *Topics in Early Childhood Special Education, 14*, 374-393.

Sandall, S., McLean, M. E., & Smith, B. J. (2000). *DEC recommended practices in early intervention/early childhood special education*. Longmont, CO: Sopris West.

Sweeden, B. (2001). Birth-to-three transition: One family's story. *Young Exceptional Children, 4*(2), 12-14.

공책체계

가정-학교 의사소통 강화와 아동의 언어 및 읽고 쓰기 발달

Rebecca B. McCathren Ph.D., University of Missouri
Maria Long, M. Ed., Columbia Public Schools, Columbia, MO

가족 구성원과 자주 그리고 효과적으로 의사소통하는 것은 유치원 교사의 중요한 임무 중 하나다(Eldridge, 2001). 하루 동안 일어난 일을 이야기할 수 있는 기술이 부족한 아동의 경우, 교사와 가족의 의사소통은 더욱 중요하다. 교사가 가족과 의사소통하는 방법의 예는 매주 혹은 격주 단위로 가정에 통신문 보내기, 부모가 자녀를 등 · 하원 시키기 위해 유치원에 왔을 때 대화하기, 유치원의 정보를 제공하고 가정의 정보를 얻기 위해 부모에게 전화하기 등이 있다. 또한 정기적인 가정방문을 계획할 수 있다. 각 방법의 효과는 가족과 교사의 개별 요구 및 환경에 따라 다르게 나타날 수 있다.

교사와 가족이 원하는 만큼 가정과 학교 간에 의사소통이 잘 되지 않는 데는 여러 가지 이유가 있다(Powell, 1989). 첫째, 직장을 가진 많은 부모들이 낮 시간에 유치원을 방문하기가 쉽지 않다. 둘째, 유아특수교육 프로그램에 다니는 유아들은 통학버스를 많이 이용하므로 교사가 부모를 일상적으로 만나기가 어렵다. 셋째, 영어를 읽고 쓰는 데 어려움이 있는 가족은 문자로 의사소통하기가 쉽지 않다. 마지막으로, 교사와 가족 모두 시간이 부족하여 다른 중요한 일들에 밀려 유의미한 방법으로 정보를 주고받지 못한다. 많은 교사들은 시간을 많이 들이지 않으면서도 효율적으로 의사소통 체제를 유지할 수 있는 방법을 찾고 있다. 그중 한 가지 방법이 공책체계(Notebook System) 전략을 사용하는 것이다(Long, 2002).

본 논문은 다섯 가지 목적을 지닌다. 먼저, 공책체계를 설명하고 이것이 유치원 학급에서 어떻게 적용될 수 있는지 설명한다. 둘째, 저자들이 개발한 공책체계의 목적과 개발과정을 설명한다. 셋째, 공책체계 사용을 지지하는 이론적 배경을 간단하게 살펴본다. 넷째, 공책체계를 사용할 때 아동에게 제공되는 학습 기회를 검토한다. 마지막으로 공책체계를 사용해 본 부모들의 피드백을 소개한다.

공책체계 설명

각 아동에게 한 권씩 제공되는 공책은 고리가 있어서 페이지를 자유롭게 뺐다 끼웠다 할 수 있고(loose-leaf) 얇은 판자 모양의 카드(laminated card stock)로 되어 아동이 손에 들고 다닐 수 있는 크기다. 공책의 각 페이지에는 그림을 포함한 문장이 하나씩 있는데, 접착천(velcro)이 붙어 있는 네모 칸이 있어서 아동이 문장을 완성하려면 기호(예: 사진)를 붙여야 한다. 예를 들면, 아동이 간식을 먹고 난 후 자신이 먹은 음식의 기호를 찾아서 붙이면 "오늘 나는 ____을 먹었다."와 같은 문장이 완성된다. 이 간식의 예에서 "먹었다" 단어는 아동이 숟가락을 쥐고 입을 벌리는 사진과 함께 제시된다. 복습시간(각 활동의 마지막)에 아동은 다음과 같은 문장을 완성한다. "오늘 나는 ___으로 놀았다."(장난감과 활동을 나타내는 그림)와 "오늘 나의 놀이친구는 ___였다."(학급의 또래와 성인 총 4명의 사진을 붙일 수 있는 공간). 다른 페이지는 "오늘 나는 ___을 마셨다." "오늘 나는 ___을 만들었다." "오늘 나의 임무는 ___였다." "오늘은 ___하루였다."와 같은 문장으로 구성된다. 가족이 교사와 의사소통하기 위한 목적으로 "어젯밤 나는 ___했다."와 같은 문장으로 추가 페이지를 만들 수 있다. 저녁 활동을 나타내는 "목욕하였다." "동생과 놀았다." "맥도날드에 갔다."와 같은 기호를 가정으로 보내 가정에서도 문장을 완성하게 한다. 가정에서 저녁에 일어나는 활동은 가족의 의견을 참고하여 각 가정별로 따로 기호를 만들 수 있다. 또한 페이지마다 문장의 동사나 주요 단어를 나타내는 사진이 있다. 예컨대, "~와 놀았다." "나의 임무" "나의 놀이친구"는 모두 그 단어가 의미하는 사진이 있다([그림 1] 참조). 공책의 뒤편에는 "교사 의견(teacher comments)"과 "부모 의견(parent comments)"이 있는데, 서면으로 의사소통할 수 있도록 3×3″크기의 포스트잇과 유사한 메모장으로 되어 있으므로 여기에 기록한다. 기록된 메모는 일과 시작 시 또는 일과 종료 후에 부모/교사 연락 일지에 옮겨 적는다.

유치원에서의 일과가 끝나면 아동은 공책을 집으로 가져간다. 공책이 있으므로 아동은 하루 일과를 기억할 수 있고 가족은 아동에게 질문하거나 대화를 하면서 아동의 일과를 파악할 수 있다. 공책의 양식이 항상 동일하기 때문에 말을 할 수 있는 아동은 공책의 내용

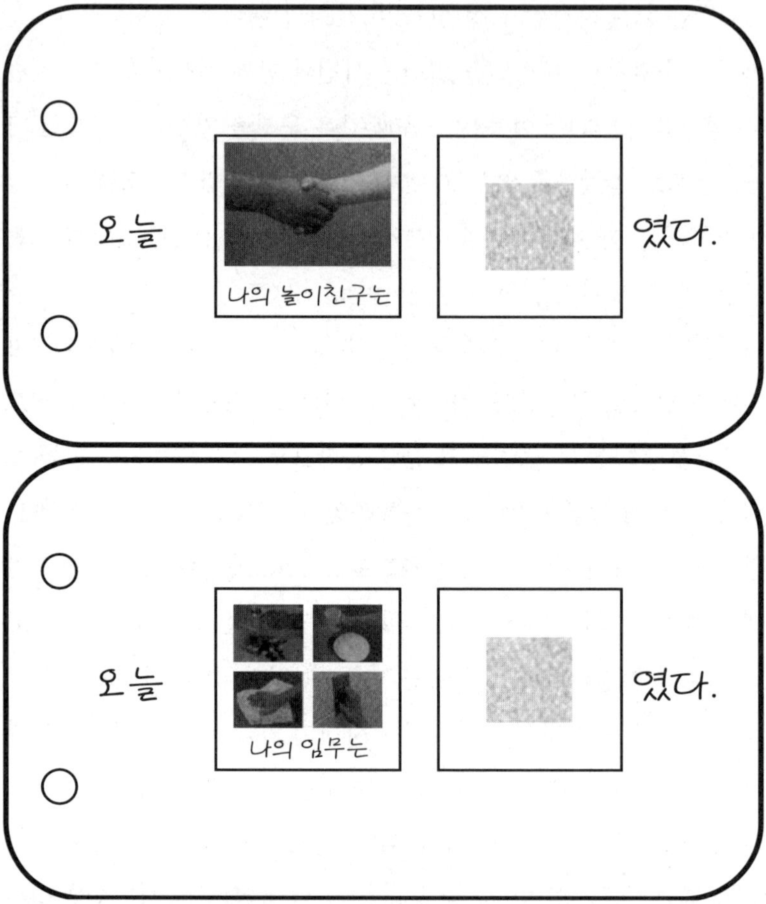

[그림 1] 공책체계의 샘플 페이지

을 가족에게 읽어 줄 수 있다. 영어 사용이 능숙하지 않은 가정의 아동은 가정에서 사용하는 언어에 영어 단어를 추가함으로써 학급 활동, 학급 언어, 가정 언어(home language) 간의 연결을 더 잘할 수 있게 된다. 미국 유치원의 구조나 체제에 익숙하지 않은 문화적 배경을 지닌 가족도 아동의 유치원 경험을 이해하기기가 훨씬 수월하다. 가족은 공책체계를 이용하여 아동이 가정과 유치원의 경험을 서로 연결시킬 수 있게 돕는다.

저녁마다 아동은 부모의 도움을 받아 가정에서의 활동을 설명하는 페이지를 채울 수 있다. 이 페이지를 보면서 교사는 아동과 가정에서의 활동과 일과에 대해 이야기 나눈다. 교사는 전날 저녁의 활동을 강조하고 아동이 가정과 유치원을 관련 지을 수 있게 한다. 그리고 교사는 각 가정과 유치원 간의 유사점과 차이점에 대해 더 잘 이해하게 된다.

새로운 체계를 만들 때, 교사는 어떤 유형의 기호를 사용할 것인지 결정해야 한다. 유아에게 가능한 기호는 인쇄된 단어, 사진, 선화(line drawings), 시중에서 살 수 있는 기호 등이다. 가장 먼저 유아의 발달 수준을 고려하여 어떤 기호를 사용할지 결정한다. 대부분의 아동에게는 실제 물건의 사진이 가장 쉬운 기호이며 유아에게도 우선적인 선택이 되는 경우가 많다. 비구어적인 아동의 경우, 자신이 원하는 바를 표현하기 위해 기호를 사용할 수 있으므로 그림이 의사소통 도구가 된다. 구어를 사용하는 아동의 경우, 그림이 언어발달을 돕고 그림에 수반되는 문장으로 아동은 문장과 그림을 유의미하게 연결시키게 된다. 기호를 만들어 내는 컴퓨터 프로그램으로서 널리 이용되는 것은 Mayer-Johnson's Boardmaker와 Writing With Symbols 2000(Mayer-Johnson, Inc., 2003a, 2003b)이다. 두 프로그램 모두 거의 모든 물건이나 활동이 선으로 그려져 있어 사용하기가 쉽다. 또한 두 시스템은 사용자가 디지털 그림을 도입할 수 있게 되어 있다.

공책체계의 목적 및 개발

공책체계는 교사가 시간을 많이 들이지 않으면서 가족과 의사소통할 수 있는 방법의 일환으로 개발되었다. 공책체계를 이용하여 아동은 하루 동안에 일어난 일에 관해 가족에게 정보를 전달하고 적극적인 역할을 한다. 공책체계는 처음에 여름학교의 유아특수교육 학급의 유아들을 대상으로 시험적으로 사용되었다. 참여한 8명의 유아는 3~5세 사이였으며 모두 장애를 가지고 있고 여름방학에도 서비스를 받는 아동들이었다. 처음에는 공책이 8쪽으로 구성되었다(앞뒤 4쪽씩). 날짜, 아동이 가지고 논 장난감, 아동이 먹고 마시고 만든 것, 아동이 보낸 하루의 특징(예: 멋진, 그저 그런, 힘든)에 관한 내용이었다. 또한 부모와 교사의 의견을 적는 페이지가 있었다. 여름학교 기간 동안 설문지를 가족에게 배포하여 가족이 원하는 추가적인 정보가 무엇인지 알아보았다. 여덟 가족 중 일곱 가족이 응답하였는데 그 결과, 이들은 모두 공책을 의사소통 방식으로 사용하는 것에 대해 매우 긍정적으로 답하였다. 이들의 응답 결과가 공책에 추가되었다. 추가된 페이지는 아동의 놀이친구와 학급 임무였다. 공책체계는 이후 통합 유아특수교육 학급의 오전과 오후 시간 교육과정의 정규 요소로 추가되었다.

공책체계의 이론적 배경

공책체계는 가정과 유치원 간의 의사소통을 지원하기 위하여 그림과 인쇄문자를 사용하는 시스템이다. 이 시스템은 유아의 언어기술 및 문식성(literacy) 기술을 지원한다. 하루 동안 유치원에서 아동이 선택한 것과 아동이 실제로 한 것들을 검토하는 데 공책이 사용된다.

본 연구에 기술된 구체적인 실제는 경험적으로 증명되지 않았지만, 공책체계는 경험적으로 증명된 실제(empricially validated practice)에 바탕을 두고 있다. 그 실제는 하이스코프 '계획–실행–검토' 과정(High/Scope 'Plan-Do-Review' process) (High/Scope Educational Research Foundation, 1999), 보완대체 의사소통(Alternative Augmentative Communcation: AAC) 체계(Mirenda, 2001; Mirenda & Erickson, 2000), 시각적 일정표와 학급 지원(National Research Council, 2001; Scott, Clark, & Brady, 2000), 의미 있는 문자와의 긍정적인 공유경험이 문식성 발달에 미치는 중요성(Owocki, 2001 참조) 등을 포함한다. 이들 연구를 간단히 살펴보면 다음과 같다.

하이스코프(High/Scope)는 경험적으로 증명된 교육적 접근으로서 1960년대에 개발되었다. 이는 피아제 이론에 근

거한 인지적 교육과정으로서 처음에는 빈곤가정의 아동에게 실시되었다(Hohmann, Banet, & Weikart, 1979). 하이스코프 교육과정의 효과는 참여 유아들을 27세까지 추적한 결과연구(outcome studies)에서 가장 극명하게 검증되었다(Schweinhart, Barnes, Weikart, Barnett, & Epstein, 1993; Schweinhart & Weikart, 1993). 하이스코프 교육과정의 핵심 과정 중 하나는 '계획-실행-검토(Plan-Do-Review)' 단계다(High/Scope Educational Research Foundation, 1999). '계획' 단계에서는 학급 내 각 성인이 아동들과 소집단으로 일하는데, 독립적인 놀이 시간(independent play period)에 아동이 제일 먼저 무엇을 할지 계획하도록 성인이 돕는다. 아동은 다양한 수단을 이용하여 자신이 무엇을 할 것인지를 표현한다. 예컨대, 아동은 장난감이나 학급의 특정 지역을 가리키거나, 원하는 활동이나 함께 놀고 싶은 친구의 이름을 말하거나, 원하는 것을 그릴 수 있다(High/Scope Educational Research Foundation, 1996). 성인은 아동의 생각을 확장하고 명료화하기 위해 질문하고 대화를 한다. 다음 단계인 '실행'에서는 아동이 계획을 실행에 옮긴다. '검토' 단계에서는 아동이 지금까지 실행한 것들에 대해 생각해 보고 자신이 수행한 활동에 대해 성인에게 이야기한다. 이는 구어(무엇을 하였는지 말하기) 또는 그림을 그리거나 물건을 보여 주는 등의 다양한 방식으로 이루어진다(High/Scope

Educational Research Foundation, 1996).

공책체계를 사용하여 아동은 함께 놀고 싶은 친구나 하고 싶은 활동의 사진을 선택한다. 이것이 '계획' 과정을 의미한다. 말을 하는 아동이라면 성인이 질문을 하여 아동의 생각을 확장시킨다. 영어가 모국어가 아닌 아동이나 언어발달이 지체된 아동이라면, 아동이 선택한 그림을 성인이 명명하고 아동이 이를 모방하도록 촉구할 수 있다. 일단 아동이 그림을 선택하여 그 그림을 공책에 놓고 자신의 '계획'을 성인에게 이야기하고 나면 아동은 자유롭게 활동을 '실행'한다. 독립적인 놀이 시간이 끝나면 아동은 성인을 다시 만나 자신이 한 것들을 '검토'한다. 만약 아동이 처음 계획대로 하였다면, 성인과 함께 공책을 읽고 다음 활동으로 이동한다. 그러나 처음 계획대로 하지 않았거나, 대부분의 놀이 시간 동안 계획에 없었던 활동을 하였거나, 다른 친구와 놀았다면, 아동이 실제로 한 것들을 나타내는 그림을 다시 선택하여 공책에 붙이고 이를 성인과 함께 읽는다. 그리고 성인과 아동은 아동에게 가장 적절한 수준에서 활동을 검토한다. 예를 들면, 아동의 수준에 따라 대화, 그림, 혹은 연기(dramatic enactments)를 할 수도 있고, 아동이 선택한 그림의 적합한 명칭을 교사가 단순히 제공할 수도 있다.

그래픽 기호를 사용하는 의사소통 체계는 자폐증이나 정신지체뿐 아니라 의사소통 발달에 어려움을 겪는 발달장애 아동의 수용언어와 표현언어를 증대시키는 데 효과적으로 사용된다(자폐증 관련 문헌 연구는 Mirenda, 2001과 Mirenda & Erickson, 2000 참조). 시중에 많이 판매되고 사용되는 체계 중의 하나로서 그림교환 의사소통체계(Picture Exchange Communication System: PECS)가 있다(Frost &

Bondy, 1996). 그림교환 의사소통체계는 자폐증이나 의사소통 및 사회적 행동에 어려움을 겪는 장애아동을 대상으로 고안되었다. 처음에 아동은 원하는 물건이나 활동을 요청하기 위해 그림을 사용하도록 지도받는다. 이는 아직 말을 못하는 아동이 자신의 요구를 쉽게 전달할 수 있게 한다. 그림교환 의사소통체계는 일종의 보완대체 의사소통체계로서 실시하기가 쉽고 성인훈련이 그다지 요구되지 않는다. 이 체계는 기능적이며 선수기술(prerequisite skills)이 최소한으로 요구되며 개별적 호불호에 맞추어 쉽게 수정된다. 그림교환 의사소통체계가 처음에는 원하는 물건을 획득하는 데 사용되지만 얼마든지 확장될 수 있으며 의견을 내고 반응하는 데도 사용될 수 있다. Bondy와 Frost(1994)는 훈련책자(training manual)에서 그림교환 의사소통체계를 일 년 이상 사용한 비구어적인 유아 66명의 59%가 독립적이고 기능적인 구어를 계발한 것으로 나타났다고 보고하였다. 이와 유사한 결과가 Schwartz, Garfinkle, Bauer(1998)의 연구에서 보고되었는데, 연구에 참여한 비구어적 유아 31명의 44%가 그림교환 의사소통체계를 사용하는 동안 자발적이면서 반향어가 아닌 구어를 습득한 것으로 나타났다.

그림교환 의사소통체계와 공책체계는 서로 보완적 전략(complementary strategies)이 된다. 공책에서 사용된 그림이나 기호는 그림교환 의사소통체계에서 사용된 것과 똑같은 것이어야 한다. 그림교환 의사소통체계를 사용하여 의사소통하는 아동은 하루 종일 공책을 사용한다. 각 활동의 종료시점에 아동의 선택을 의미하는 그림교환 의사소통체계의 기호는 공책의 적절한 위치에 놓여진다. 예를 들어서, 간식 시간에 아동이 음식이나 음료를 요청하기 위해서 그림교환 의사소통체계의 기호를 사용한다. 원하는 음식이나 음료의 양을 조금만 아동에게 주어 아동이 한 번 더 요청하게 만들 수 있다. 이는 의사소통 연습의 기회를 더 많이 갖도록 하기 위해서다. 간식 시간이 끝날 즈음, 공책의 적절한 위치에 그림교환 의사소통체계의 기호를 붙이고 아동과 성인은 함께 이 페이지를 읽어 본다.

자릴은 5세이며 전반적으로 발달이 지체되고 조음(articulation) 문제를 가지고 있다. 자릴은 지난 두 달간 공책체계에 참여하였다. 자릴은 타인과의 의사소통에 어려움이 있을 때 자신이 원하는 것과 필요한 것을 명확하게 전달하기 위해 그림기호를 자주 선택한다. 최근에 자릴은 컴퓨터를 하고 싶다는 의사표현을 하려고 노력하였다. 성인에게 여러 차례 의사소통을 시도하였지만 자신의 의도가 전달되지 않자, 선택판(choice board)으로 가더니 컴퓨터 그림을 뽑아 성인에게 가져왔다.

시각적 지원과 시각적 일정표는 학습에 어려움을 겪는 아동에게 추천되며 특히 자폐증을 가진 아동에게는 더 중요한 것으로 여겨진다(Scott, Clark, & Brady, 2000). 자폐증을 가진 아동은 일반적으로 청각적 처리에 비해 시각적 처리에 상대적으로 더 강하다. 따라서 자폐증을 가진 아동에게 그림은 하루 일과를 이해하는 데 도움이 되고 구어, 물건 혹은 활동, 그림 간의 관계를 연결하는 데 사용될 수 있다. 그림을 이용하여 요청하고 선호를 밝히는 것은 자신의 요구를 말로 표현할 수 없는 아동의 문제행동을 감소시키는 주요 전략이 된다(National Research Council, 2001; Scott, Clark, & Brady, 2000). 공책체계가 하루 일과에 통합되면 자폐증을 비롯하여 시각적 지원을 요하는 아동들이 그림을 이용하여 선택하는 기회가 많아진다. 게다가 공책의 페이지들이 일과의 순서에 따라 구성되면, 공책은 시각적 일정표의 기능도 할 수 있다.

켈리는 자폐증 진단을 받은 5세 아동이다. 켈리는 2년간 공책체계에 참여하고 있으며 프로그램의 구조 및 일과를 익히고 잘 적응하고 있다. 매일 아침 켈리는 학급에 도착하면 가방을 열고 공책을 꺼내 전날의 기호들을 스스로 분류하기 시작한다. 유치원의 하루 일과 동안 켈리는 적절한 기호를 선택하고 이를 정확한 위치에 붙이는 등 공책을 완성한다. 공책의 페이지들이 학급 일과의 순서대로 되어 있기 때문에 켈리는 하루 동안 일어나는 일들을 예측할 수 있으며 이는 켈리의 불안감을 경감시키는 데 효과가 있다. 켈리는 매우 독립적으로 공책체계를 사용하며 페이지를 완성해야 할 시간이 다가오면 때로는 교사에게 "내 공책 주세요."라고 먼저 요청한다.

나중의 읽기기술 발달에 영향을 미치는 초기의 실제적인 읽고 쓰기 경험의 중요성에 대하여 많은 이들이 지적하였다. 공책체계는 문식성 기술을 지원하는 것으로 검증된 전략과 경험을 포함한다(Christie, Enz, Vukelich, & Mitchell, 2003; National Research Council, 1998; Owocki, 2001). 전략의 예를 들면, 예측되는 문자(text) 사용하기, 하루에 일어난 일을 이야기함으로써 말하기 기술 촉진하기, 문자와 친해지기, 문자의 의미를 뒷받침하는 그림 사용하기, 문식성 활동에 자주 참여하기 등이다. 공책체계는 유치원에서 매일 이러한 활동에 참여할 수 있는 기회를 제공하며 가정에서도 이와 같은 상호작용을 하도록 지원한다.

코노는 5세의 비장애 아동으로서 지난 2년간 유아특수교육 학급에 역통합되어(reverse-mainstream) 또래 모델로서 활동해 왔다. 코노는 가족과 교사에게 공책을 독립적으로 읽어 줄 수 있다. 뿐만 아니라 눈으로 보는 즉시 읽을 수 있는 단어(sight word)도 몇 가지 익혔으며 글자가 모여 단어가 된다는 것도 이해한다. 코노는 읽을 때 왼쪽에서 오른쪽으로 읽어야 한다는 사실까지 파악하고 있으며 각 단어를 손으로 짚어 가며 읽을 수 있다. 그 밖에도 코노는 공책에 명시된 일과를 도움 없이 따를 수 있고 자신의 공책을 스스로 관리한다(예: 가방에 공책 집어넣기, 잊지 않고 유치원에 공책 가져오기).

아동에게 제공되는 학습 기회

공책체계는 6단계로 나뉘어 사용되며 각 단계가 학습 기회를 제공한다. 1단계와 2단계는 각각 기호 선택과 기호 배치다. 자신의 경험을 나타내는 기호를 아동이 선택한다. 아동은 하루 일과 중 한 가지(예: 대집단 시간, 자유선택놀이, 간식 시간)가 끝나면 공책의 한 페이지를 완성한다. 각 활동이 종료되면 아동은 그 시간 동안 활동했던 내용을 나타내는 기호를 선택한다. 예컨대, 제프가 자유놀이시간에 나디아, 자비에, 샤미사와 놀았다면 '검토' 시에 학급의 모든 친구들이 있는 사진을 기호판에서 뽑는다. 이때 아동이 페이지를 정확히 완성하는 데 도움이 필요할 경우 교사가 도움을 제공한다.

3단계는 학급에서 함께 읽는 것이다. 이는 아동이 가장 먼저 하는 활동으로서, 전날 가정에서 만든 공책의 페이지를 읽는 것으로 하루를 시작할 수 있다. 하루 내내 다음 활동으로 옮겨 가기 직전에 성인과 함께 자신이 완성한 페이지를 읽는다. 말을 할 수 있는 아동은 사진을 이용하여 페이지의 모든 단어들을 말할 수 있다. 반면, 말을 못하거나 이제 막 말을 시작한 아동은 성인이 각 단어나 사진을 가리키며 읽어 준다. 이때 주의해야 할 것은 성인이 말한 것을 아동이 모방하거나 스스로 단어를 말하도록 충분한 시간을 주면서 함께 읽는 것이다.

4단계는 자기-평가다. 하루 일과가 끝날 때 아동은 유치원에서 보낸 하루를 기호 세 가지 중 하나를 선택해 나타낸다. 아동은 세 가지 유형의 엄지손가락 중 한 가지를 선택하는데, 엄지가 위로 향하면(thumb up) 아주 만족스러운 하루, 엄지가 옆으로 향하면(thumb sideways) 그런대로 괜찮은 하루, 엄지가 아래로 향하면(thumb down) 힘든 하루를 의미한다. 각 아동에게 기대되는 것은 개별화되며 행동목표는 성취 가능한 것이다. 이해할 수 있는 아동에게는 기대되는 것을 명확하게 알려 준다. 매우 만족스러운 하루를 보낸 아동의 경우 어떻게 해서 하루가 만족스러웠는지에 대해 교사와 이야기를 나눈다. 그다지 만족스럽지 않은 하루를 보낸 아동은 만족스러운 내일을 만들기 위해서 어떻게 해야 하는지를 교사와 이야기한다.

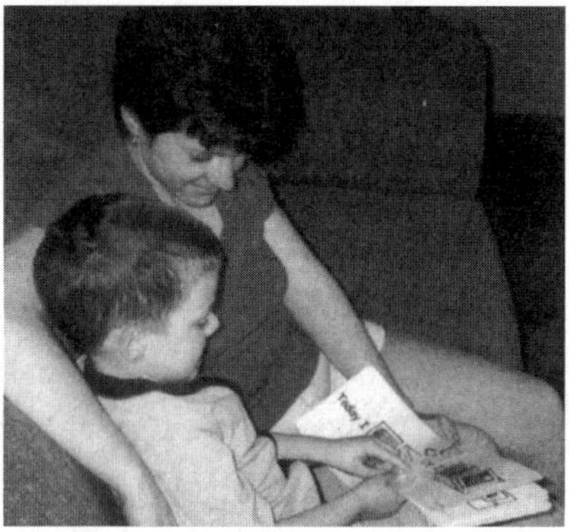

5단계는 가족과 함께 읽는 것이다. 아동이 공책을 완성하면 가방에 넣어 가정에 가져가서 가족과 함께 본다. 부모는 아동에게 읽어 달라고 요구할 수도 있고, 부모가 아동과 함께 읽어 볼 수도 있다. 이때 아동에게 질문하거나 아동의 말에 반응한다. 말을 하는 아동의 경우, 부모와의 대화가 아동의 이야기 기술을 촉진시킨다. 예를 들면, 아동이 놀이친구에 대해 이야기하고 자신이 무엇을 만들었는지, 어떻게 만들었는지에 대해 이야기함으로써 설명하는 기술이 촉진된다. 부모는 사진을 이용하여 아동의 이야기 기술을 지원하고 확장할 수 있다. 형제 또한 함께 공책을 보면서 읽고 대화에 참여할 수 있다. 가족과 아동은 자기 전이나 아침에 공책의 가정 페이지를 완성한다.

문장을 완성하는 사진은 매일 바뀌더라도 각 문장의 구조는 동일하다. 그러므로 예측이 가능한 문자가 긍정적인 학습 경험을 제공하는데, 이는 아동이 가족에게 공책을 읽어 주는 예에서도 나타난다. 게다가 아동이 형식의 규칙을 발견하고 일련의 글자가 단어를 통해 나타낸다는 사실을 깨닫게 되면서 눈으로 보는 즉시 읽을 수 있는 어휘(sight word vocabulary)도 하나씩 익히게 된다. 비구어적인 아동에게는 가족이 읽어 줄 수 있다. 가족이 읽는 동안 아동에게 손으로 유치원에서의 일과를 나타내는 사진을 가리키게 한다. 비구어적인 아동에게 말과 사진의 결합은 구어의 초기 발달을 지원하는 전략이 된다. 무언가 중요한 일이 일어났는데, 이를 나타낼 수 있는 사진이 미처 준비되지 않았다면 교사가 공책의 뒤편 메모지에 적거나 아동이 직접 그려서 공책에 붙이도록 한다.

마지막으로, 기호 분류가 6단계다. 아동이 등원하면 가방에서 공책을 꺼내서 범주별(예: 먹는 것들)로 사진을 분류한다. 공책의 각 페이지에는 그 페이지에 해당되는 사진을 넣을 수 있는 별도의 분류통이 있다. 또한 학급에는 각 아동의 사진을 한 줄로 열거한 친구판(buddy board)도 있다. 아동은 먼저 범주를 파악할 수 있어야 하고 그다음에 가지고 있는 사진을 적절한 범주에 넣을 수 있어야 한다.

가족의 피드백

공책체계의 목적은 가족과의 효율적인 의사소통 방법을 개발하는 것이다. 가족의 피드백을 얻기 위해 2년 동안 매년 설문지를 배포하였다. 공책체계가 가족에게 도움이 되었는지 여부와 왜 그렇게 생각하는지에 대해 아동의 가족에게 물었다. 그 결과 가족의 반응은 대체로 호의적이었다. 설문에 참여한 모든 가족이 의사소통체계가 맘에 들었다고 응답하였으며, 기타 의견도 많이 서술하였다. 장애아동과 비장애아동 가족 모두 이 의사소통체계가 유용하다고 응답하였다. 예를 들면, 구어를 사용하는 자폐증 아동의 어머니는 "내가 마리아와 의사소통하는 데 있어서 공책이 큰 도움이 되었어요. 공책이 예측되는 형식과 순서로 되어 있는 것은 물론 매일 새로운 정보를 포함하고 있어서 무척 좋았어요. 마리아가 유치원에서의 일과를 내게 읽어 주면서 때로는 내가 묻지 않아도 상세히 이야기해 줬어요. 이는 대화의 질이 향상되었음을 말해 주는 것이죠. 저는 아주 만족해요."라고 하였다.

발달지체 아들을 둔 어머니는 "우리 아들은 매일 학급에서 적합한 사진을 고르고 이를 적합한 페이지에 붙이는 활동을 할 때 소근육 기술을 사용해요. 아이는 학급 친구들의 이름을 모두 알아요. 유치원에서 일어난 일을 형들과 내게 이야기할 때 시각적 단서가 많은 도움이 되었어요. 우리 집 세 아이 모두 공책을 좋아하고, 공책으로 인해 형제간의 상호작용도 더 좋아졌어요. 아이(4세)가 형제들(둘 다 5세)에게 이야기하는 것이 예전에는 쉽지 않았어요. 그런데 공책 덕분에 아이들과 함께 사진을 보고 읽으면서 대화하게 됐어요. 아이는 유치원 일과를 형들과 공유하면서 자신도 이제 컸다고 느끼는 것 같아요."라고 전하였다.

마지막 예는 5세와 3세 아들을 둔 어머니의 피드백으로서 "큰아이는 또래 모델로서 프로그램에 참여하였는데, 공책체계로 인해 아이는 유치원에서 일어났던 일들을 잘 설명할 수 있게 되었고 단어도 인식하기 시작했어요. 작은아이는 발달지체로서 특히 언어발달이 늦고 주의력 문제를 약간 가지고 있어요. 그런데 공책체계로 인해 작은아이가 많은 도움을 받았어요. 아이는 시각적 학습에 강하며 책

읽기를 매우 좋아해요. 그래서 자신이 한 것을 사진으로 나타내고 읽을 수 있게 구성된 공책체계를 아주 좋아했어요. 작은아이는 이 체계를 사용하면서 단어인식을 하게 되었고 공책 읽는 것을 너무 좋아해요. 매일 집에 돌아오면 스스로 가방에서 공책을 꺼내 저에게 읽어 주지요."라고 하였다.

프로그램 실시

학급에서 이 프로그램을 실시하기 위해서는 준비가 필요하다. 하지만 공책체계를 아동 및 가족과 함께 사용하는 것은 그리 많은 시간이 요구되지 않으면서 혜택은 많다. 처음부터 하루의 모든 일과에서 공책을 사용하기보다 하루에 한 번(예: 선택 시간), 한 페이지만 완성하는 것으로 시작해도 무방하다. 이렇게 함으로써 교사는 개별 아동과 가족의 요구에 맞게 체계를 수정하여 적용할 수 있다.

기호, 공책, 분류통, 판은 모두 프로그램이 시작되기 전에 만들어야 한다. 기호를 충분히 만들어서 매 활동마다 학급의 2~3군데에 기호를 배치하여 아동이 기다리지 않고 즉시 사진을 가져다가 공책에 붙일 수 있게 만드는 것이 중요하다.

유아학급에서는 사진을 선택 기호로 사용하는 경우가 많다. 디지털카메라가 있으면 기호를 만들기가 쉽다. 사진 밑에 문자박스를 만들어 사용할 수 있기 때문이다. 사진은 간결하게 만드는 것이 매우 중요하다. 가능하면 단색 배경을 만들어 시각적으로 산만하지 않게 만든다. 선으로 그린 기호나 시중에 파는 기호는 사진보다 덜 구체적이긴 하지만 그렇기 때문에 여러 상황에 두루 쓰일 수 있는 이점이 있다. 기호체계가 선정되면 학급의 모든 물건(간식 시간의 음식과 음료까지 포함하여)에 기호와 단어로 명칭을 붙인다. 그러면 아동이 물건과 기호를 연관시킬 수 있다. 특히 흰색의 두꺼운 카드에 기호를 프린트하는 것이 좋다. 마지막으로 각 기호의 뒤편에 접착천(velcro)을 붙인다. 처음에는 카드 준비에 많은 시간이 소요되지만, 한 번 만들면 매년 사용할 수 있다.

공책은 여러 방법으로 만들 수 있다. 그런데 여기서 중요한 것은 유아에게 적합한 공책이어야 한다는 것이다. 날카로운 모서리는 모나지 않게 만들고 페이지는 쉽게 찢어지지 않도록 견고하게 만들어야 한다. 또한 공책은 유아가 들고 다니기에 불편함이 없도록 작게 만들어야 한다. 아동이 공책을 안 가지고 등원하는 경우를 대비하여 학급에 공책 여유분을 준비해 두는 것 또한 중요하다. 페이지가 손상되었을 때 바꾸어 줄 수 있도록 페이지도 여유분을 준비하는 것이 좋다.

결 론

결론적으로 공책체계는 교사와 가족이 의사소통하는 효과적인 방법이 될 수 있으며 동시에 학급에 있는 모든 아동의 언어발달과 문식성 발달을 효과적으로 촉진하는 방법이다.

주

교신 저자: Rebecca B. McCathren(mccathrenr@missouri.edu)

참고문헌

Bondy, A., & Frost, L. (1994). The picture exchange communication system. *Focus on Autistic Behavior, 9*(3), 1-19.

Christie, J., Enz, B., Vukelich, C., & Mitchell, D. (2003). *Teaching language and literacy: Preschool through elementary grades* (2nd ed.). Boston: Allyn & Bacon.

Eldridge, D. (2001). Parent involvement: It's worth the effort. *Young Children, 56*(4), 65-69.

Frost, L. A., & Bondy, A. S. (1996). PECS: *The picture exchange communication system*. Cherry Hill, NJ: Pyramid Educational Consultants.

High/Scope Educational Research Foundation. (1996). *High/Scope training manual: Preschool teacher introduction*. Ypsilanti, MI: High/Scope Press.

High/Scope Educational Research Foundation. (1999). *High/Scope training manual: Preschool teacher introduction*. Ypsilanti, MI: High/Scope Press.

Hohmann, M., Banet, B., & Weikart, D. P. (1979). *Young children in action*. Ypsilanti, MI: High/Scope Press.

Long, M. (2002). *The notebook system: Child-facilitated notebook communication system*. Unpublished manuscript.

Mirenda, P. (2001). Autism, augmentative communication, and assistive technology: What do we really know? *Focus on Autism and Other Developmental Disabilities, 16*(3), 141-151.

Mirenda, P., & Erickson, K. A. (2000). Augmentative communication and literacy. In A. M. Wetherby & B. M. Prizant (Eds.), *Autism spectrum disorders: A communicative approach* (pp. 333-369). Baltimore: Paul H. Brookes.

Mayer-Johnson, Inc. (2003a). *Boardmaker.* Retrieved June 24, 2003, from the Internet: http://www.mayer-johnson.com.

Mayer-Johnson, Inc. (2003b). *Writing with symbols 2000.* Retrieved June 24, 2003, from the Internet: http://www.mayer-johnson.com.

National Research Council. (1998). *Preventing reading difficulties in young children.* Washington, DC: National Academy Press.

National Research Council. (2001). *Educating children with autism.* Washington, DC: National Academy Press.

Owocki, G. (2001). *Make way for literacy! Teaching the way young children learn.* Washington, DC: National Association for the Education of Young Children (NAEYC).

Powell, D. R. (1989). *Families and early childhood programs.* Washington, DC: National Association for the Education of Young Children (NAEYC).

Schwartz, I. S., Garfinkle, A. N., & Bauer, J. (1998). The picture exchange communication system: Communicative outcomes for young children with disabilities. *Topics in Early Childhood Special Education, 18*, 144-159.

Schweinhart, L. J., Barnes, H. V., Weikart, D. P. Barnett, W. S., & Epstein, A. S. (1993). *Significant benefits: The High/Scope Perry Preschool study through age 27.* Ypsilanti, MI: High/Scope Press.

Schweinhart, L. J., & Weikart, D. P. (1993). Success by empowerment: The High/Scope Perry Preschool study through age 27. *Young*

Children, 49(1), 54-58.

Scott, J., Clark, C., & Brady, M. (2000). *Students with autism: Characteristics and instructional programming*. San Diego, CA: Singular Publishing.

가족 기반의 실제에 관한 자원

Camille Catlett, M.A., University of North Carolina at Chapel Hill

책

▶ 특수아동협회 유아교육분과의 조기중재/유아특수교육 추천 실제 (DEC Recommended Practices in Early Intervention/Early Childhood Special Education)

edited by S. Sandall, M. E. McLean, & B. J. Smith (2000)

이 책은 특수아동협회 유아교육분과의 추천 실제와 추천 실제를 사용하는 전략에 관한 최근 정보를 담고 있다. 이 책의 제4장은 Carol M. Trivette와 Carl J. Dunst가 쓴 "가족 기반 실제의 추천 실제"로서 개별 또는 프로그램의 실제가 가족 기반인지 여부를 평가하는 체크리스트를 제공하고 관련 용어 정의 및 우수한 실제가 지닌 특징들을 설명하고 있다.

Sopri West

4093 Speciality Place

Longmont, CO 80504

(800) 547-6747

FAX (888) 819-7767

http://www.sopriwest.com

▶ 특수아동협회 유아교육분과의 추천 실제 프로그램 평가: 장애유아와 가족을 위한 실제 향상시키기(DEC Recommended Practices Program Assessment: Improving Practices for Young Children With Special Needs and Their Families)

by M. L. Hemmeter, G. E. Joseph, B. J. Smith, & S. Sandall (2000)

이 책은 장애유아와 가족에게 제공하는 서비스의 질을 평가하고 향상시키는 데 도움이 된다. 제2장에서는 가족 기반의 실제를 상세히 다루고 있으므로 프로그램의 강점, 요구, 지원 등을 결정하는 데 유용하게 사용될 것이다. 헤드스타트, 보육시설, 공립학교, 기타 유아 및 조기중재 프로그램의 질을 향상시키는 데 도움이 되는 예들과 재생 가능한 양식들이 책에 포함되었다.

Sopri West

4093 Speciality Place

Longmont, CO 80504

(800) 547-6747

FAX (888) 819-7767

http://www.sopriwest.com

▶ 가족, 전문가, 특수성: 역량강화를 위한 협력(Families, Professionals, and Exceptionality: Collaborating for Empowerment)

by A. P. Turnbull & H. R. Turnbull, III (2001) (4th ed.)

특수교육 명저 중 하나로 꼽히는 이 책의 제4판은 지도서도 함께 구비되어서 가족 기반의 실제와 관련된 여러 가지 활동을 하는 데 도움이 된다. 14가지 주제로 구성된 각 장(예: 과거부터 현재까지 부모 역할의 변화, 가족 기능, 의뢰와 평가)은 학생 프로젝트와 토론수업, 과제, 토론 주제에 관한 아이디어를 포함한다. 수업 요구사항, 수업개요, 주별 과제, 프로젝트 선택사항 등을 포함하는 수업계획서도 제공된다. 수반하는 웹사이트(http://www.prenhall.com/turnbull)에서 추가적인 자원과 아이디어를 제공한다.

Merrill/Prentice Hall

Pearson Education

One Lake Street

Upper Saddle River, NJ

(201) 236-7000

Communications@pearsoned.com

http://vig.prenhall.com

▶ 아버지와 유아 프로그램(Fathers and Early Childhood Programs)

by J. Fagan & G. Palm (2004)

이 책은 유아 프로그램에 아버지 참여를 촉진하는 실제적 전략과 유용한 접근에 대한 구체적인 정보를 담고 있다. 독자는 이 책에서 의미 있는 부모 참여를 증진시키기 위한 배경정보(예: 역사, 이론, 연구)와 자원(예: 아버지 참여활동에 관한 도구, 모델, 사례연구, 실례)을 얻을 수 있다.

Delmar Learning
5 Maxwell Drive
P.O. Box 8007
Clifton Park, NY 12065-8007
(800) 347-7707
FAX (800) 487-8488
http://www.delmarlearning.com/index.asp

▶ 가족 중심 보육에서의 협력: 협력적 조기중재의 지침(Partnerships in Family-Centered Care: A Guide to Collaborative Early Intervention)

by P. Rosin, A. Whitehead, L. I. Tuchman, G. Jesien, A. Begun, & L. Irwin (1996)

가족 중심 보육, 팀 구축, 서비스 조정에 초점을 맞춘 세 가지 연관된 부분이 이 책의 핵심을 이루고 있다. 각 장에서는 그 장에서 제기된 이슈에 대해 창의적인 문제해결을 촉진하는 이야기를 그리고 있다. 또한 책 내용과 어울리는 다양한 교육용 보조(예: 목표, 활동, 토론 주제)도 있다. 이 책은 교재 이상이며 모든 조기중재 영역에 적용될 수 있다.

Paul H. Brookes
P.O. Box 10624

Baltimore, MD 21285-0624

(800) 638-3775

FAX (410) 337-8539

http://www.pbrookes.com

▶ 경로: 부모에게 귀 기울이는 법 배우기(A Path to Follow: Learning to Listen to Parents)

by P. A. Edwards (1999)

부모가 자녀에 대해 그리고 가정에서 하는 활동에 대해 이야기할 때 귀를 기울인다면 가족과 아동의 강점, 요구, 자원에 대해 파악할 수 있다. 이렇게 얻은 정보를 통해 아동 교육에 부모를 효과적으로 참여시키는 방법과 가족/전문가 협력을 개발할 수 있는 방법을 알 수 있다고 저자는 설명한다. 교사, 기관장, 행정가뿐 아니라 교수와 학생에게도 이 책은 유용한데, 가족에게 왜 귀를 기울여야 하는지뿐만 아니라 독자가 찾고자 하는 정보유형을 얻는 방법에 대해서도 알려 준다.

Heinemann

P.O. Box 6926

Portsmouth, NH 03802-6926

(800) 225-5800

FAX (603) 431-2214

custserv@heinemann.com

http://www.heinemann.com

▶ 시작지점: 다양한 이슈에 관해 부모와 협력하기(A Place to Begin: Working With Parents on Issues of Diversity)

by J. Gonzalez-Mena & D. Pulido-Tobiassen (1999)

민감할 수 있는 문제에 대해 부모와 대화한 적이 있는가? 그런데 어떻게 대화를 시작해야 할지 난감했던 적이 있는가? 부모의 자녀 양육 방법에 대해 좀 더 알고자 한 적이 있는가? 이러한 이슈에 대한 효과적인 해결방법과 자료를 이 책에서 발견할 수 있다. 유인물은 영어, 스페인어, 베트남어, 중국어로 되어 있다.

California Tomorrow

1904 Franklin Street, Suite 300

Oakland, CA 94612

(510) 496-0220, x 23

FAX (510) 496-0225

info@californiatomorrow.org

http://www.californiatomorrow.org

▶ 다른 문화적 배경을 지닌 아동 지도: 이중언어 학급에서의 문자학습(Teaching Other People's Children: Literacy and Learning in a Bilingual Classroom)

by C. Ballenger (1998)

교사와 학생의 문화적 배경이 다를 경우 어떤 일이 발생할까? 대도시 중심부의 저소득층 거주 지역 유치원에서 아이티 아동들을 3년간 가르친 미국 교사의 경험을 저자는 이야기체로 썼다. 저자는 복합적인 가족 기반의 실제를 탐색해 가는 이야기를 통해 신중한 연구

수행의 중요성을 잘 묘사하고 있다.

Teachers College Press

P.O. Box 20

Willliston, VT 05495-0020

(800) 575-6566

FAX (802) 864-7626

http://www.teacherscollegepress.com

▶ 능숙한 대화: 유아기의 문화적 다양성에 반응하는 전략(Skilled Dialogue: Strategies for Responding to Cultural Diversity in Early Childhood)

by I. Barrera, R. M. Corso, & D. Macpherson (2003)

문화적 다양성에 반응하는 방법을 이해하는 것이 성공적인 가족 기반 실제의 핵심이다. 이 책은 유아 전문가에게 필요한 지식을 제공한다. 전문가는 이 책을 통하여 자신의 가치관, 신념, 배경과 다른 가족과의 협력을 좀 더 이해하게 될 것이다. 전문가는 또한 자신과 가족 간의 차이를 재구성할 수 있는 기술과 전략을 습득할 것이다. 특히 "존중하고 상호적인 반응적 평가" 주제의 장은 새로운 아이디어를 얻을 수 있는 풍부하고 시기적절한 출처가 된다.

Paul H. Brookes

P.O. Box 10624

Baltimore, MD 21285-0624

(800) 638-3775

FAX (410) 337-8539

http://www.pbrookes.com

▶ 마음이 지배하면 실패한다: 몽 아동과 미국 의사, 그리고 두 문화의 충돌(The Spirit Catches You and You Fall Down: A Hmong Child, Her American Doctors, and the Collision of Two Cultures)

by A. Fadiman (1997)

중증의 간질 진단을 받은 몽 아동 리아를 돌보는 것과 관련하여 캘리포니아의 작은 시골 병원과 라오스 난민 가족이 충돌한 이야기가 이 책에 기록되었다. 리아의 부모와 의사 모두 리아에게 최선책을 찾으려 했지만 서로 간의 이해 부족이 비극적인 사태를 초래한 내용이다. 이 책의 매끄러운 문장과 독자를 위한 사려 깊은 토론 주제는 복합적인 가족 기반 실제를 배우기에 좋은 자원이 된다.

Farrar, Straus, and Giroux
19 Union Square West
New York, NY 10003
(888) 330-8477
sales@fsgbooks.com
http://www.fsgbooks.com

▶ 유아기의 가족-전문가 협력 강화(Strengthening the Family-Professional Partnership in Services for Young Children)

by R. N. Roberts, S. Rule, & M. Innocenti (1998)

이 책은 전문가 주도의 서비스에서 가족 기반의 실제로의 변화를 설명하고 있다. 가족이 참여할 수 있는 다양한 방법이 깊이 있게 논의되며 서비스 조정, 전문가 준비교육, 프로그램 평가, 시스템 차원의 지원 등을 포함한다. 장애아동 양육 현실(고통과 기쁨)에 대한 간단한 사례연구를 소개하면서 전문가에게 가족이 중요한 자원이 됨을 시사한다.

Paul H. Brookes

P.O. Box 10624

Baltimore, MD 21285-0624

(800) 638-3775

FAX (410) 337-8539

http://www.pbrookes.com

▶ 가족 지원 및 강화: 방법, 전략, 실제(Supporting & Strengthening Families: Methods, Strategies, and Practices)

by C. Dunst, C. Trivette, & A. Deal (1994)

이 책은 가족의 기능강화에 관한 이론, 방법, 전략, 실제를 포함하고 있으며, 가족을 지원하고 가족과 개인의 기능을 강화하기 위한 가족 중심의 자원 접근을 다루고 있다. 이 책의 주제는 기능강화의 의미 및 주요 특성, 가족 지원 프로그램, 개별 가족 지원 계획, 가족의 요구, 강점, 자원, 그리고 효과적으로 도움을 제공하는 실제 등이다.

Cambrid Brookline Books

P.O. Box 97

Newton Upper Falls, MA 02464

(800) 666-BOOK

FAX (617) 558-8011

http://www.brooklinebooks.com

체크리스트와 측정

▶ 특수아동협회 유아교육분과의 조기중재/유아특수교육 추천 실제: 부모 체크리스트(DEC Recommended Practices in Early Intervention/ Early Childhood Special Education: Parent Checklist)

부모와 전문가는 가족 기반의 프로그램과 실제의 특징으로서 무엇을 찾아보아야 하는가? 모범적인 실제를 파악하고 다른 사람을 변화시키고 향상시키는 데 사용되는 목록이 간결하게 제시되었다.

http://www.dec-sped.org/pdf/recommendedpractices/parentchecklist.pdf

▶ 가족 중심 서비스: 가족 중심의 서비스 전달을 위한 지도원리 및 실제(Family-Centered Services: Guiding Principles and Practices for Delivery of Family-Centered Services)

by L. C. Pletcher & S. McBride (2000)

가족 중심 실제의 핵심 원리를 적용하는 전문가와 프로그램을 돕기 위하여 아이오와 연구자들은 주석을 단 체크리스트를 개발하였다. 이 체크리스트는 가족 중심 실제의 핵심 원리를 지지하는 방법을 나타내는 실제적인 예를 담고 있다. 연락처는 다음과 같다: Linnie Hanrahan 전화(515-281-3021), 팩스(515-242-6019), 이메일(Linnie.Hanrahan@ed.state.ia.us).

▶ 삶의 척도에 나타난 가족의 질(Family Quality of Life Scale)

캔자스대학교 비치장애센터에서 최근 개발한 도구로서 가족의 삶을 4가지 영역, 즉 가족 상호작용, 육아, 가족의 자원, 장애가 있는 가족 구성원 지원으로 나누어 총 35문항으로 구성되었다. 이것은 가족이 각 문항에 대해 얼마나 중요하게 생각하는지와 얼마나 만족하는지를 평정하는 도구다. 연구와 프로그램 평가용도뿐 아니라 직접적인 가족 기반의 적용(예: 개별화가족 서비스계획 개발 혹은 가족과의 협력 계획 개발)을 목적으로 사용될 수 있다. 심리측정 자료가 필요하거나 도구의 초안 사본이 필요하다면, Denise Poston (denisep@ku.edu)에게 연락 바란다. 비치센터 웹사이트(http://www.beachcenter.org/)를 통해서도 정보를 얻을 수 있다.

▶ 가족-전문가 협력관계 척도(Family-Professional Partnership Scale)

이 척도도 비치센터에서 최근 개발한 도구인데, 2가지 영역의 협력관계, 즉 전문가-아동 관계와 전문가-가족 관계 총 21문항으로 구성되었으며 가족은 각 문항에 대한 중요성과 만족도를 평정한다. 프로그램에서 개선이 필요한 영역이 있는지를 파악하고자 할 때 이 척도가 도움이 된다. 심리측정 자료가 필요하거나 도구의 초안 사본이 필요하다면, Denise Poston(denisep@ku.edu)에게 연락 바란다. 그 밖에 비치센터 웹사이트(http://www.beachcenter.org/)를 통해서도 정보를 얻을 수 있다.

비디오테이프

▶ 가족 중심 가정 기반의 서비스 전달(Delivering Family-Centered, Home-Based Services)

by L. Edelman (1991)

이 비디오는 다섯 가지 사례로 구성되었는데, 한 번에 한 가지 사례를 시청한 후 토론과 활동(촉진자의 지침에 포함되어 있음)을 한다. 각 사례는 서비스 제공자가 가족 기반의 실제를 하지 않았을 때 발생하는 결과를 보여 주고 이어서 어떻게 하면 좀 더 가족 기반의 방식으로 상호작용을 할 수 있을지에 관한 토론을 하도록 구성되어 있다. 가족 중심 원리의 배경과 추가적인 활동 아이디어들이 포함되어 있다.

Kennedy Krieger Institute

Training and Products Division

7000 Tudsbury Road

Baltimore, MD 21244

(410) 298-9286

FAX (410) 298-9288

http://www.kennedykrieger.org/accessible/kki_misc.jsp?pid=1601

▶ 영아를 위한 가족 주도의 활동중심 중재(Family-Guided Activity-Based Intervention for Infants and Toddlers)

by J. J. Cripe (1995)

이 비디오테이프는 20분 분량으로서 가족 기반의 실제를 지원하기 위하여 부모나 다른 양육자가 자연적 학습 기회를 이용하는 전략을 보여 준다. 비디오테이프의 설명과 예시는 매우 명확하며, 더욱 효과적인 가족 기반의 실제를 할 수 있는 제안들을 간결하게 제공한다.

Paul H. Brookes

P.O. Box 10624

Baltimore, MD 21285-0624

(800) 638-3775

FAX (410) 337-8539

http://www.pbrookes.com

▶ **단지 아이일 뿐: 일상의 일과, 활동, 장소에서의 영아와 가족 지원 및 서비스(Just Being Kids: Supports and Services for Infants and Toddlers and Their Families in Everyday Routines, Activities, and Places)**

produced by L. Edelman (2001)

장애영아를 위한 지원과 서비스는 가족의 일상적인 일과, 활동, 장소에서 제공되는 것이 가장 좋다. 비디오의 여섯 가지 이야기는 아동에게 유의미한 목표를 성취하기 위해 가족과 협력하는 과정을 보여 준다. 각 이야기 속에서 부모와 서비스 제공자는 자신들의 경험을 회고하는데 이는 교사, 치료사, 서비스 조정자와 같은 다양한 시청자를 위하여 여러 가지 실례들을 보여 주는 방식으로 구성되어 있다. 촉진자 지침에는 시청자의 학습에 도움이 되는 각 이야기의 배경정보, 토론 주제, 활동 등이 포함되어 있다.

Western Media Products

P.O. Box 591

Denver, CO 80201

(800) 232-8902

FAX (303) 455-5302

http://www.media-products.com

▶ 가족들(One of the Family)

by Early Connections for Infatns, Toddlers, and Families, Colorado Department of Education (1998)

장애를 가진 유아를 기르는 네 가족의 이야기이며, 다양한 문화적 배경을 가진 이들 네 가족은 자신들의 가치관에 대하여 설명한다. 이들의 이야기 속에는 자녀를 모든 가족활동에 참여시키기, 장애보다 아이로 먼저 생각하기, 자녀에게 최대한 기대하기, 정상적인 삶을 찾기, 가족의 가치관을 지지하는 전문가 선택하기 등이 포함되어 있다. 이 비디오를 통하여 가족기반의 실제에 대한 새로운 관점을 얻을 수 있을 것이다.

Western Media Products

P.O. Box 591

Denver, CO 80201

(800) 232-8902

FAX (303) 455-5302

http://www.media-products.com

웹사이트

▶ DEC 추천 실제: 가족기반의 실제 요소 참고문헌 목록(DEC Recommended Practices: Family-Based Practices Strand Reference List)

가족 기반의 실제와 관련된 연구물로서 1990~1998년 사이에 학회지 등 전문 저널에 발표된 주요 논문들을 DEC에서 선정한 목록이며 아래에 적힌 URL에서 확인할 수 있다.

http://www.dec-sped.org/images/word_documents/FamilyBasedStrand.doc

▶ 가족 마을(장애관련 자원의 글로벌 공동체)[Family Village (A Global Community of Disability-Related Resources)]

가족 마을 공동체에는 특정 진단, 의사소통 연계, 보조공학 및 도구, 보조 여가활동, 교육, 예배, 건강, 장애관련 미디어와 책 등 다양한 정보 자원이 있다. 여기에서 제공되는 자원은 항상 갱신되지만 가족 기반의 실제를 강조하는 점은 변하지 않는다.

http://www.familyvillage.wisc.edu/

▶ 가족의 목소리(Family Voices)

특별한 요구를 지닌 아동을 대신하여 목소리를 내는 가족과 친구들의 웹사이트는 자원과 정보를 찾기에 좋은 곳이다. 이 사이트는 건강관련 이슈를 강조하고 있기는 하지만 그 외에도 정책 동향, 교수자료, 보고서, 관련 정보 연계 등 다양한 정보를 제공한다.

http://www.familyvoice.org/

▶ 협력적 조기중재 훈련 및 서비스에 대한 가족주도적 접근(Family-Guided Approaches to Collaborative Early-Intervention Training and Services: FACETS)

FACETS 웹사이트는 가족이 중재계획 과정에 의미 있게 참여하고 의사결정을 하도록 지원하는 목적으로 고안되었다. 중재과정에서 기관간 그리고 간학문적 협력을 효과적으로 할 수 있는 전략을 제공하는데, 가족 구성원, 중재자, 관련 서비스 제공자, 행정가를 위한 훈련 및 구체적인 정보를 함께 제공한다.

http://www.parsons.lsi.ukans.edu/facets/

▶ 가족넷(Family Net)

이 웹사이트의 목적은 동성애 및 양성애를 가진 사람들과 가족의 가정생활, 양육, 관계를 알리는 것이다. 이 사이트는 가족 기반의 실제를 지원하기 위해 이용할 수 있는 정보와 자원을 다양하게 제공한다.

http://www.hrc.org/familynet/

▶ 특별한 요구를 가진 아동연합(Federation for Children With Special Needs)

이 연합은 다양한 장애를 가진 아동을 대표하는 부모집단과 연대하여 1975년에 조직되었다. 이 웹사이트에서는 부모와 부모집단 그리고 가족 기반의 실제에 관심을 가지는 사람들을 위한 여러 가지 서비스와 자원을 제공한다.

http://www.fcsn.org

▶ 가족중심의 실제를 지향하고 실행하기 위한 임상 전문가 가이드(Guiding Practitioners Toward Valuing and Implementing Family-Centered Practices)

by S. L. McBride & M. J. Brotherson

조기중재 전문가 양성체제 개선의 주요 개념, 방법, 자료 등을 온라인으로 얻을 수 있다.

http://www.fpg.unc.edu/~scpp/pdfs/Reforming/10-253_276.pdf

▶ 가족중심의 돌봄 연구소(Institute for Family-Centered Care)

이 연구소는 가족 구성원, 행정가, 정책 입안자, 의학교육을 포함한 건강관리 분야 종사자들에게 중심적 자원 역할을 한다. 이 웹사이트에서는 가족중심의 돌봄을 실현하고자 노력하는 개인과 기관 간의 정보 공유, 문제해결 촉진, 대화 촉진 등이 이루어진다.

http://www.familycenteredcare.org/

▶ 아이들과 함께(Kids Together, Inc)

이 창의적 웹사이트에서는 가족 기반의 실제에 관한 가족의 관점 및 소비자의 관점을 얻을 수 있다. 만화, 에세이, 연계 등 다양한 경로를 통하여 임상 전문가는 다른 각도로 사물을 볼 수 있게 된다. 관점 섹션에 있는 "전문가가 말할 때"를 반드시 살펴보기 바란다.

http://www.kidstogether.org/

▶ 가족중심의 실제를 위한 국립자원센터(National Resource Center for Family-Centered Practices)

이 센터에서는 가족 기반의 프로그램에 대한 기술적 지원, 스태프 훈련, 연구 및 평가, 문헌 연구를 제공하며, 미국 내 주, 군, 지역사회의 공사립 인간서비스기관과 관련된 이슈들을 제공한다. 이 센터는 아동복지, 정신건강, 청소년 사법정의, 지역사회 활동, 카운티 확장, 헤드스타트, 직업훈련 프로그램에 관한 업무를 하고 있다.

http://www.uiowa.edu/~nrcfcp/

▶ 가족중심 돌봄의 원칙...(그리고 조기중재에서 가족중심으로 돌보는 방법)[Principles of Family-Centered Care...(And How to Apply Them in Early Intervention)]

매사추세츠 조기중재 기관간 조정 위원회의 가족 참여 직무그룹이 매사추세츠 공중보건과와 협력하여 개발한 주석 목록이다.

http://www.spannj.org/Fall2001Bridge/family_centered_care.htm

편저자 소개

Eva Horn, Ph.D.
University of Kansas

Michaelene Ostrosky, Ph.D.
University of Illinois, Urbana-Champaign

Hazel Jones, Ph.D.
University of Florida

역자 소개

김진희

University of Illinois, Urbana-Champaign 특수교육과 졸업(Ph.D.)
현) 인제대학교 특수교육과 교수

〈주요 저서〉
특수아동교육의 실제(공저, 교육과학사, 2005)
정신지체아교육(공저, 양서원, 2002)

김건희

Syracuse University 특수교육과 졸업(Ph.D.)
현) 대구대학교 유아특수교육과 교수

〈주요 논문〉
자폐를 가진 유아의 의사소통 능력의 평가(특수교육재활과학연구, 49(1), 2010)
Constructing Views on Students Labeled with Auitsm in Inclusive Classroom Settings(특수교육저널: 이론과 실천, 10(2), 2009)

특별한 영유아
모노그래프 시리즈 5호

가족 기반의 실제

2011년 6월 5일 1판 1쇄 인쇄
2011년 6월 10일 1판 1쇄 발행

편저자 • Eva Horn · Michaelene Ostrosky · Hazel Jones
옮긴이 • 김진희 · 김건희
펴낸이 • 김진환
펴낸곳 • (주) 학지사
121-837 서울시 마포구 서교동 352-29 마인드월드빌딩 5층
대표전화 • 02-330-5114 팩스 • 02-324-2345
등록번호 • 제313-2006-000265호

홈페이지 • http://www.hakjisa.co.kr
커뮤니티 • http://cafe.naver.com/hakjisa

ISBN 978-89-6330-437-3 94370
978-89-6330-432-8 (set)

정가 11,000원

역자와의 협약으로 인지는 생략합니다.
파본은 구입처에서 교환해 드립니다.